Pfiffige SNACKS

Anne Richards

Pfiffige SNACKS

Mit 67 Rezepten,
exklusiv fotografiert
für dieses Buch von
Hans Joachim Döbbelin

SIGLOCH
EDITION

GLACIER CONFISEUR
La Bonbonniere de
PIZZA
14 F
la Part.
GRANDES
QUICHES
16 F
LA BONBON
DE BUCI
PARIS

Inhalt

Heute schon gesnackt?

Snacks sind in aller Munde. Egal zu welcher Tages- oder Nachtzeit, Jahreszeit oder in welchem Alter. Es wird ständig und überall gesnackt. Ob es zu Hause, unterwegs oder bei der Arbeit ist, Snacks haben sich alle kulinarischen Nischen erobert. Ihre Bandbreite erstreckt sich vom Würstchen an der Pommes-Bude bis zu den allerfeinsten Edel-Canapés mit Beluga-Kaviar und Wildlachs beim Stehempfang mit Champagner. Überall gibt es Snacks, und Snacks sind durchaus gesellschaftsfähig, passen zu allen Anlässen und werden überall akzeptiert. Dieses kulinarische Chamäleon bedeutet nichts weiter als „Imbiß", als „Zwischendurch-Gericht", eben eine Zwischenmahlzeit für den kleinen, kleineren und allerkleinsten Hunger oder Appetit. Snacks können in alle Rollen schlüpfen, sie spielen auf allen Bühnen der Welt und sind beliebter als die Großen, die Aufwendigen, die Mehrgängigen, die Langsamen, die Viel-Zeit-Verschlingenden, die Schweren und Gewichtigen. Ihr Auftritt ist leise, ohne viel Getöse und Geschrei, doch sie sind die eigentlichen Drahtzieher unserer Energiereserven. Woran das liegt? Berufstätigkeit und Mobilität verlangen ein verändertes Eßverhalten. Die drei großen Mahlzeiten am Tag, die noch früher die Regel waren, wurden abgelöst durch mehrere kleine; das dreigängige Mittagessen ist zumindest bei Berufstätigen so gut wie ausgestorben. Wer viel sitzt oder fährt, wie ein Großteil unserer Bevölkerung, möchte sich nicht mit zuviel Essen belasten. Und wer arbeitet, möchte die Freizeit für andere Dinge nutzen und nicht in der Küche stundenlang schnitzeln, schneiden, raspeln, stifteln, kochen, essen und hinterher auch noch spülen und aufräumen. Was natürlich nicht heißt, daß Snacks keine Arbeit machen, es sei denn, Sie holen sich tatsächlich beim Schnellimbiß um die Ecke eine Portion Pommes mit Mayo oder bestellen beim Partyservice für das nächste kleine Fest eine Platte mit Häppchen und Canapés. Aber dann hätten Sie sich dieses Buch nicht gekauft! Denn Sie wollen ja für Individualität sorgen und ihre kleinen Imbisse selbst machen. Und wenn dabei etwas Sorgfalt mit im Spiel ist, wenn frische Zutaten verwendet werden, wo es möglich ist, und nur dann auf Konserven zurückgegriffen wird, wo es nötig ist und keine Zugeständnisse an den guten Geschmack gemacht werden, kann eigentlich nichts schiefgehen.

Zwischenmahlzeiten sind vielfältig und in den verschiedensten Formen denkbar. Immer beliebter werden knackige Salate in den unterschiedlichsten Kombinationen, sie sind nicht nur schön leicht und belasten nicht so sehr, sondern auch noch sehr gesund. Bereichern lassen sich Salate mit nahrhaften Zutaten aus allen kulinarischen Ecken. Sandwiches und belegte Brote müssen nicht jeden Tag gleich aussehen. Mit wenig Phantasie und Aufwand lassen sich aus Brotscheiben und leckerem Dazwischen überraschende Mitnehm-Snacks zubereiten, die nicht nur bei der Arbeit, sondern auch im Schulalltag wertvolle kleine Mahlzeiten darstellen. Vor allem bei Parties und Empfängen lebt man gerne von der Hand in den Mund. Die einfachste Art, viele Gäste zu bewirten, ohne selbst nur zwischen Küche und

Gästen hin- und herrennen zu müssen, sind kleine Häppchen, die vorher zubereitet werden können und fix und fertig bereitgestellt werden. Und wenn eine Party einmal etwas länger dauert und ins Feuchtfröhliche abdriftet, freuen sich Kopf und Magen über eine kräftige, heiße, scharfe Mitternachtssuppe, die die Lebensgeister wieder weckt. Gebackene Snacks lassen sich mit Hilfe von Fertigteigen aus der Tiefkühltruhe leicht und schnell und noch relativ spontan herstellen, oder man kann sie vorbereiten und, sobald Gäste eintreffen, die leckere Ladung in den Ofen schieben. Kleine warme Imbisse wie Toasts erfreuen vor allem Berufstätige abends nach getaner Tat und alle, bei denen es schnell gehen soll und die gleichzeitig viel Energie brauchen.

Die Mittelmeerländer haben es uns vorgemacht, allen voran Italien mit seinen köstlichen Antipasti, und Spanien mit seinen Tapas von fein bis delikat. Kleiner, leichter und einfacher ist die Devise.

Salate – der ideale Imbiß

Die Lust auf Grünes, Knackiges, Gesundes ist in den letzten Jahren immer mehr gewachsen. Dabei bieten Blattsalate und Salatgemüse in jeder Hinsicht Optimales: Sie liefern Vitamine, Ballaststoffe, Mineralstoffe, sie enthalten wenig Kalorien, sie erfreuen die Augen durch ihre leuchtenden, frischen Farben und unterschiedlichen Formen. Salate kommen unserem heutigen Ernährungsverhalten sehr entgegen. Das ganze Jahr gibt es über dreißig verschiedene Blattsalate wie etwa Kopfsalat, Eichblattsalat, Batavia-Salat, Lollo Rosso, Radicchio, Kresse, Portulak, Feldsalat, Rauke, Chinakohl und viele andere. Dazu gesellen sich Gemüse wie Tomaten, Gurken, Rettiche, Radieschen, Paprikaschoten, Karotten, Kohlrabi, Artischocken, Mais, Bohnen, wir können sie hier nicht alle aufzählen. Und die vielen Kräuter, Zwiebeln und Knoblauch, die den Salaten die Würze und das gewisse Etwas verleihen. Und last not least die Salatsaucen, mit denen den Blättern und Scheiben, Stiften und Würfeln erst ein typischer Charakter übergegossen wird. Essig- und Ölsorten regen zu immer neuen Kombinationen an und machen die Abwechslung leicht.

Bei Blatt- und Gemüsesalaten sollte man sich an das jahreszeitliche Angebot auf dem Markt halten, denn gerade sie schmecken vom Freiland doch am besten und sind am wenigsten belastet, zumindest wenn sie nicht gerade neben einer stark befahrenen Straße aufwachsen mußten. Außerdem liefert die saisongerechte Frischkost mehr Vitamine und Mineralstoffe als Treibhausware. Also pflücken Sie im Garten, was gerade wächst, oder bummeln Sie über den Markt und nehmen das, was Ihnen am meisten zusagt: In der Salatschüssel vereint, verträgt sich fast alles gut.

Salat paßt immer für das kleine Gericht zwischendurch, dabei kommt es auf die Mischung an, und das heißt für uns: mischen mit anderen Zutaten, damit alle wichtigen Nährstoffe enthalten sind. Und mischen kann man Salat mit vielerlei: mit Käse, Wurst und Fleisch, mit Körnern, Nüssen und Samen, mit Brotcroûtons, Keimen und Grünkraut oder mit Eiern. So wird aus Frischkost der ideale vollwertige Snack.

Blatt- und Gemüsesalate: Sie sollten immer knackig frisch verwendet werden, soweit es geht noch am Tag des Einkaufs. Und möglichst dort einkaufen, wo Salat jeden Tag frisch geliefert wird, nämlich auf dem Markt oder beim Gemüsehändler. Müssen Sie Salat lagern, dann am besten in feuchte Tücher einschlagen und ins Gemüsefach des Kühlschranks legen. Ist Blattsalat einmal welk geworden, kann er wieder zur knackigen Frische erweckt werden, wenn man ihn kurz in Wasser eintaucht, dem eine Prise Mineralsalz aus dem Reformhaus zugeführt wurde. Salat bitte immer erst kurz vor dem Zubereiten waschen und nicht im Wasser liegen lassen, denn dabei gehen sofort Vitamine verloren. Ganz wichtig für den delikaten Geschmack der Salatsauce ist das Trocknen des gewaschenen Salates. Am besten in einem sauberen Geschirrtuch vorsichtig schütteln oder in der Salatschleuder trocken schleudern.

Wurst, Schinken und Fleisch: Gegartes Fleisch, Reste vom Braten, Wurst und Schin-

ken in Streifen oder Scheiben geschnitten, bereichern Salate mit Eiweiß. Dazu eignet sich möglichst mageres, zartes Fleisch wie Hühnerbrust, Entenbrust, Siedfleisch vom Rind oder Geflügelleber, aber auch gebratene Frühstücksspeckscheiben oder -streifen. Wurst und Schinken in Scheiben, Streifen oder Würfel geschnitten, komplettieren Salate und verleihen, je nach Würze, eine mehr oder weniger deftige Note und liefern zudem wertvolles Eiweiß.

Käse: Vor allem Hartkäse ist zum Würfeln, Scheibeln oder Stifteln geeignet. Schafskäse wird über griechischen Salat gebröckelt oder in kleine Würfel geschnitten, der italienische Mozzarella in Scheiben zusammen mit dem Salat angerichtet.

Gekochte Eier: Sie liefern wertvolles, leicht verwertbares Eiweiß. Nach Belieben kann man sie ganz, gescheibelt oder gewürfelt beigeben. Wer möchte, kann hartgekochten Eidotter zerdrückt unter die Salatsauce mischen, dadurch wird sie cremiger.

Kräuter: Wer einen Kräutergarten besitzt, hat es gut. Er kann sich nach Lust und Laune bedienen und die verschiedensten Aromen kombinieren. Für die kräuterlose Zeit im Winter sollte im Sommer vorgesorgt werden: Gewaschene, feingehackte Kräuter portionsweise einfrieren. Ansonsten muß auf das Marktangebot oder Tiefkühlware zurückgegriffen werden.

Sprossen und Keime: Sie lassen sich problemlos im Keimapparat in wenigen Tagen ziehen. Man sollte dabei unbedingt auf die richtige Wässerung der Keime achten, denn in dem feuchten Milieu bilden sich schnell Bakterien und Schimmelpilze. In der Regel wird zweimal täglich gewässert. Auf alle Fälle sollte man nur speziell zum Keimen geeignete Samen verwenden, dabei dann unbedingt auf die auf der Packung angegebene Keimdauer achten. Sprossen und Keime werden über den Salat gestreut und/oder daruntergemischt.

Getreidekörner: Sie bereichern in gekochtem Zustand Salate mit wertvollen Inhaltsstoffen. Allerdings braucht man viel Zeit, um sie weich zu bekommen. Einweichen in Wasser

vor dem Garen verkürzt die Garzeit erheblich. Körner können dann über Salate gestreut oder daruntergemischt werden.

Nüsse und Kerne sind eine ideale Ergänzung zu Salaten. Eine Handvoll darübergestreut, und die Nährstoffe stimmen.

Salatsaucen: Erst die Salatsauce macht den Salat komplett. Sie sollte immer erst vor dem Servieren mit den übrigen Zutaten gemischt werden. Salatsaucen können für Eilige in größeren Mengen hergestellt werden und dann in Schraubgläsern im Kühlschrank drei bis vier Tage aufbewahrt werden. Verschiedene Essige und gute Öle sollte jeder Salatliebhaber vorrätig halten. Der bekannte Aceto balsamico (italienischer Balsamessig), Weißwein- und Sherryessig (für Gemüse- und Geflügelsalate), Kräuteressig (für Salate mit Fisch) und ziemlich neutral schmeckendes Distel- und Sonnenblumenöl (für Blattsalate) und kaltgepreßtes gutes Olivenöl sollten nicht fehlen. Daneben gibt es noch Öle mit feinen Geschmacksnuancen wie Walnuß-, Kürbiskern-, Traubenkern- oder Sesamöl, von denen man aber nur kleine Mengen im Vorrat haben sollte, denn sie verderben schnell. Mit verschiedenen Öl- und Essigsorten kann man der Salatsauce immer wieder zu einer neuen Geschmacksvariante verhelfen. Würzige Essige wie Sherry- oder Himbeeressig passen besser zu einem milden, geschmacksneutralen Öl. Zu einem würzigen Öl wie etwa Nuß- oder Kürbiskernöl paßt eher neutraler Essig, damit sich die Geschmacksnuancen nicht gegenseitig die Show stehlen.

Essig-Öl-Vinaigrette: Sie gibt es in tausendfachen Variationen. Am beliebtesten ist immer noch die klassische Vinaigrette, die in einem Schraubglas einige Tage im Kühlschrank aufbewahrt werden kann. Sie paßt fast zu allen Salatmischungen wie zu frischen Blattsalaten, geraspelten Gemüsen oder zu Käse- Eier- und Kartoffelsalaten.

Für einen ¾ Liter benötigt man:

½ TL Salz, ½ TL Pfeffer aus der Mühle, 1 gehäuften EL scharfen Senf, ¼ Liter Weißwein- oder Estragonessig, ⅜ Liter gutes, kaltgepreßtes Öl (nach Belieben Olivenöl, Sonnenblumenöl, Distelöl, Erdnuß- oder Maiskeimöl). Man schlägt alles mit einem Mixstab oder Schneebesen auf. Diese Vinaigrette kann mit feingehackter Schalotte, durchgepreßtem Knoblauch und feingehackten Kräutern oder Essiggürkchen, feingehackter Ingwerwurzel, hartgekochten und feingehackten Eiern abgewandelt werden. Wer einmal Salat exotisch essen möchte, mischt Sojasauce, Chutney oder Sambal Oelek unter die Vinaigrette.

Joghurt- und Sahnesaucen: Sie sind milder und kalorienärmer, werden mit Zitronen- oder Limettensaft gesäuert, denn Essig harmoniert nicht besonders mit Milchprodukten.

Das Grundrezept:

1 Becher saure Sahne oder Joghurt mit wenig Milch, Zitronensaft, frisch gemahlenem Pfeffer verrühren. Eine kleine Prise Zucker oder Honig runden das Ganze ab. Folgende Zutaten bringen Abwechslung: gehackte frische Kräuter, 1 TL Tomatenmark oder Tabasco, 1–2 EL Mayonnaise, 1 EL milder Curry und geriebener Apfel, 1 EL Kräuterfrischkäse, fertig gekauftes Pesto, Sardellenpaste oder Senf nach Belieben, 1–2 durchgedrückte Knoblauchzehen.

Rotwein-Vinaigrette: Sie eignet sich sowohl für Blattsalate als auch für kräftig schmeckende Gemüsesalate. Für eine Flasche von ¾ Liter Inhalt zum Aufbewahren benötigt man 2 TL Salz, 1 TL Pfeffer, 1 EL Senf, 2 EL gehackte Kapern, je 1 EL gehackte Oliven und gehackte Cornichons, 1 feingehacktes Sardellenfilet, ½ TL Paprika, ⅛ Liter Rotwein, ⅛ Liter Rotweinessig, ¼ Liter Olivenöl.

Dann werden alle Zutaten im Mixer gründlich durchmischt, daß eine richtige Emulsion entsteht oder mit dem Stabmixer durchgerührt. Wer möchte, kann vor dem Servieren gehackte Schalotten oder durchgepreßten Knoblauch untermischen.

Von der Hand in den Mund: Belegte und Sandwiches

Vielleicht sind sie die Küchen-Stiefkinder, die Sandwiches und belegten Brote, die in Aktentaschen, Schulmappen und Rucksäcken eher ein Schattendasein fristen. Wir wollen sie ans Tageslicht holen und ihrer Wichtigkeit gemäß in Szene setzen. Denn was zwischen zwei Brotscheiben eingeklemmt am Arbeitsplatz, in der Schule, beim Sport und auf Reisen als Zwischenmahlzeit gegessen wird, sollte besonders sorgfältig und abwechslungsreich zubereitet werden.

Die belegten Brote machen sicherlich einen Großteil der außer Haus eingenommenen Snacks aus, da sie in ihrer Form ideal sind für den schnellen Verzehr von der Hand in den Mund. Und Abwechslung ist vonnöten, wenn sie als echter Genuß und nicht nur als bloße Nahrungsaufnahme und Energielieferant betrachtet werden wollen. Die Basis, die Brotscheibe, sollte natürlich von bester Qualität sein. Was dazwischen gelegt wird, dafür möchten wir hier nach der Devise ein paar Anregungen geben: Erlaubt ist, was schmeckt!

Roggenbrot: Es schmeckt kräftig und paßt zu allen deftigen Wurstsorten, rohem Schinken, Räucherfisch, kräftigem Käse wie etwa Bergkäse, Gruyère, Appenzeller, Tilsiter, Münsterkäse.

Weizenbrot: Es ist etwas milder, kann aber auch, je nach Krustenbeschaffenheit, kräftiger schmecken. Als Belag eignen sich milde Wurstsorten wie Kalbfleischwurst, Kalbsleberwurst, Räucherlachs, gekochte Eier, gekochter Schinken, Salatzubereitungen.

Roggenmischbrot aus verschiedenen Mischanteilen (mindestens 51 % Roggenmehl) wird normalerweise Graubrot genannt und ist das meistgekaufte Brot. Dazu passen deftige und milde Wurstsorten, roher und gekochter Schinken, Käse von mild bis scharf und Räucherfisch.

Weizenmischbrot aus einem überwiegenden Anteil an Weizenmehl verträgt sich eher mit milden Wurstsorten, Frischrahmkäse, Camembert und Brie, halbfestem Schnittkäse, Lachsschinken, gekochtem Schinken, Pasteten und Terrinen.

Vollkornbrot besteht aus dem Mehl ungeschälter Getreidekörner einschließlich der Keimlinge. Es enthält alle Bestandteile des gereinigten Korns. Vollkornbrot enthält die für den Kohlehydratstoffwechsel so wichtigen B-Vitamine, ungesättigte Fettsäuren und Eiweiß. Idealer Belag für Vollkornbrot ist alles, was kräftig und deftig schmeckt: Räucherschinken, Speck, geräucherte Wurst, Salami, Makrelen, Bückling, Räucheraal sowie Frischkäsezubereitungen mit Kräutern und Gewürzen, kräftige Käsesorten und Brotaufstriche.

Pumpernickel, das kräftige Schwarzbrot aus Westfalen, besteht aus Roggenschrot und dunklem Roggenmehl mit Sauerteig gemischt. Es paßt fast zu allen kräftig schmeckenden Brotbelägen.

Knäckebrot kann aus Roggen, Weizenmehl oder Weizenschrot hergestellt werden. Es ist mürbe und kroß gebacken, sein Kaloriengehalt ist geringer.

Toastbrot gibt es aus unterschiedlichen Teigen, auch mit Roggen- und Vollkornanteil. Es erhält durch Fettzugabe beim Teig eine feinporige Krume.

Butter und Margarine gehören aufs Brot, wem hier der Vorzug zu geben ist, sollte jeder selbst entscheiden. Doch auch Crème fraîche, Tomatenmark, Mayonnaise, Frischkäse oder Quark kann das eine oder andere Mal die fetthaltige Butter oder Margarine ersetzen und eine abwechslungsreiche Geschmacksnuance darstellen. Buttermischungen lassen sich mit Kräutern und Gewürzen selbst zubereiten und können einige Tage im Kühlschrank aufbewahrt werden.

Und hier ein paar Anregungen für leckere belegte Brote oder Sandwiches.

Geflügelsandwich: Dreikorn-Brötchen belegt mit Kopfsalat, Doppelrahmkäse, Sojabohnenkeimlingen, geräuchertem Putenfleisch.

Vegetarisches Sprossensandwich: Vollkornstange belegt mit Butter, Tomate, Quark, Linsensprossen, Alfalfasprossen, Adzukibohnensprossen, gekochten Eiern.

Gefülltes Fladenbrot (türkisch): Butter, Salatblätter, Knoblauchquark, Kresse, Bratenreste, Salz, Pfeffer, Salatgurke.

Siedfleisch-Brot: Bauernbrot belegt mit Butter, Siedfleisch, Meerrettich, Zwiebelringen.

Avocado-Krabben-Brot: Seele belegt mit Crème fraîche, Avocadoschnitzen, Zitronensaft, gegarten Krabben, Salz, Pfeffer, Mayonnaise.

Forellen-Sandwich: Sesambrötchen belegt mit Butter, geräucherten Forellenfilets, Dill.

Roastbeef-Stange: Kümmelstange belegt mit Butter, Eisbergsalat, Roastbeef, Zwiebelringen, Remouladensauce.

Vollkorn-Aal-Brot: Vollkornbrötchen belegt mit Butter, Rührei, Räucheraal und Schnittlauch.

Süßes Brötchen: Rosinenbrötchen belegt mit Magerquark, Bananenwürfeln, Zitronensaft, Schokostreuseln und Birnenscheiben.

Die schnellen Helfer aus der Packung

Der Markt bietet heute viele Fertigprodukte, mit denen recht schnell leckere Überraschungen gezaubert werden können. Doch mit Fertigmenüs wollen wir uns hier nicht abgeben, denn die werden schon nach dem zweiten, dritten Mal langweilig, und man sehnt sich wieder nach dem Selbstgemachten, das doch jedes Mal wieder ein klein wenig anders schmeckt, auch wenn nach demselben Rezept gekocht wird. Ideale Helfer und keineswegs langweilig sind die Fertigteige aus der Tiefkühltruhe des Supermarktes und die fertigen Böden und Gebäcksorten, die ideale Grundlagen für tolle Füllungen hergeben. Blätterteig, Strudelteig, Pizzateig, Mürbeteig und Hefeteig kommen in sehr guter Qualität aus der Packung und müssen nur noch aufgetaut, ausgerollt, in die gewünschte Form gebracht, gefüllt und gebacken werden. Nur eines sollte man bei den Fertigteigen aus der Tiefkühltruhe beachten: Sind sie einmal aufgetaut, sollte man sie auf keinen Fall wieder einfrieren. Sie können zwar aufgetaut einige Zeit im Kühlschrank unbeschadet auf ihre Verwendung warten, aber diese Zeitspanne ist immer auf der Packung angegeben und sollte genau beachtet werden.

Blätterteig: Er eignet sich besonders gut zum Herstellen von gefüllten Teigtaschen. Die aufgetauten Blätterteigplatten können je nach Bedarf ausgerollt und in Form geschnitten oder ausgestochen werden. Es sollte immer darauf geachtet werden, daß die Schnittkanten nicht mit Wasser oder Ei bestrichen werden, weil sonst der Teig an dieser Stelle nicht aufgeht.

Hefe- und Pizzateig: Er ist in 500-Gramm-Packungen erhältlich und kann für große und kleine Pizzen, aber auch für Zwiebelkuchen oder Schinken im Teig verwendet werden.

Strudelteig: Ist ebenfalls in 500-Gramm-Packungen erhältlich und kommt schon dünn ausgerollt aus der Packung.

Mürbeteig: Wenn Mürbeteig gefüllt werden soll, empfiehlt es sich, den Boden blind vorzubacken, damit er schön dünn bleibt. Dafür rollt man den aufgetauten Teig etwa ½ cm dünn aus, kleidet die Form mit dem Teig aus und sticht mit einer Gabel mehrfach hinein, damit sich beim Backen keine Blasen bilden. Zum Blindbacken belegt man den Boden mit Bohnenkernen, die ihn zusätzlich beschweren, damit er nicht in die Höhe geht. Bei 200 °C genügen 10 bis 15 Minuten. Dann entfernt man die Bohnenkerne, gibt die Füllung hinein und bäckt nach Angabe im Rezept fertig. Wer keinen fertigen salzigen Mürbeteig im Supermarkt bekommt, weil viele nur den süßen im Programm haben, muß eben selbst tätig werden.

Salziger Mürbeteig: 250 g Mehl, 125 g Butter, ½ TL Salz, ⅛ Liter Wasser

Das Mehl auf ein Brett sieben. Die Butter in Flöckchen daraufgeben. Mehl und Butterflokken von Hand zu feinen Krümeln zerreiben. Mit der Masse einen Kranz formen. Salz in kaltem Wasser lösen. In die Mitte geben und alles rasch zu einem Teig verarbeiten. Die benötigte Wassermenge hängt von der Mehlqualität ab. Der Teig sollte so eine Konsistenz haben, daß man ihn gut ausrollen kann. Vor dem Ausrollen mindestens 1 Stunde kalt stellen.

Blätterteig-Pastetenformen: Die küchenfertigen Pastetchen kann man im Supermarkt oder beim Bäcker bekommen. Sie werden vor dem Füllen im Backofen bei 200 °C aufgebacken. Die Deckel dabei nicht auflegen – sondern daneben – denn sonst dauert es länger, bis sie heiß sind. Dann die fertige Füllung hineingeben und Deckel auflegen.

Taco-Shells: Die leckeren, krossen, gebogenen Maisfladen aus Mexiko gibt es in verschiedenen Größen mittlerweile auch bei uns im Handel. Sie eignen sich besonders für kleine Überraschungen, wenn Gäste kommen. Dann sollte allerdings die Füllung schon fertig sein und nur noch erhitzt werden müssen. Die Taco-Shells werden im Backofen bei 180 °C in 8 bis 10 Minuten aufgebacken und dann gefüllt. Zum Essen benötigt man nur die Hände und – eine Serviette.

Kroepoek: Die knusprigen Schälchen aus dem Knabberregal mit dem feinen Shrimps-Geschmack eignen sich ebenfalls zum Füllen und zum Verzehr von der Hand in den Mund.

Gebäck-Tütchen: Wer im Knabberregal schaut, findet noch mehr Möglichkeiten zum Einfüllen von kleinen Köstlichkeiten, und die Nahrungsmittelindustrie erfindet immer mehr Möglichkeiten dazu.

Schiffchen und Tarteletts: Entweder man kauft sie fertig beim Bäcker oder im Supermarkt, die sie in verschiedenen Größen anbieten, oder man macht sie selbst aus selbstgemachtem oder gekauftem Mürbeteig.

Wenn Gäste kommen – Schnittchen, Häppchen, Canapés

Jubiläum, Geburtstag, Hauseinweihung, Beförderung, Skatabend, Sektempfang – immer wenn Gäste kommen, spielen die kleinen Häppchen, Schnittchen und Canapés zum zwanglosen Zugreifen eine der wichtigsten Nebenrollen. Sicher, sie machen ziemlich viel Arbeit, aber man kann sie gut vorbereiten und mit vereinten Kräften schnippeln, bestreichen, mischen, garnieren, würzen, hübsch anrichten. Eigentlich braucht man dafür nur ein bißchen Phantasie und etwas Gespür für geschmackvolle Zusammenstellungen. Sind die Gäste dann endlich da, bleibt den Gastgebern genügend Zeit für sie, es gibt kein großes Tischdecken, Auftragen, Abräumen. Die kleinen Happen stehen en passant bereit, und jeder kann sich nach Lust und Laune von der kleinen Vielfalt nehmen, was er will.

Kräuterbutter: ergibt 250 g

250 g Butter, 5 EL frische feingehackte Kräuter (Petersilie, Kerbel, Schnittlauch etc.), 2 Knoblauchzehen, 1 Schalotte, Salz, weißer Pfeffer aus der Mühle

Die Butter aus dem Kühlschrank nehmen und etwas weich werden lassen. Kräuter putzen, waschen, trockentupfen und ganz fein hacken. Knoblauch und Schalotte schälen und ebenfalls ganz fein hacken oder pürieren. Kräuter, Knoblauch, Schalotte, Salz und Pfeffer mit einer Gabel unter die Butter mischen und kalt stellen. Nach Belieben können mehr Kräuter hinzugefügt oder Knoblauch bzw. Schalotte weggelassen werden.

Meerrettichbutter: 250 g Butter, 60 g frisch geriebener Meerrettich, Salz, Pfeffer

Die Butter etwas weich werden lassen. Den Meerrettich sehr fein reiben und mit einer Gabel unter die Butter mischen. Mit Salz und Pfeffer würzen und kalt stellen.

Meerrettichbutter paßt gut zu kaltem Braten und Räucherfisch.

Sardellenbutter: 250 g Butter, 120 g in Öl eingelegte Sardellenfilets

Butter etwas weich werden lassen. Die Sardellenfilets gut abtropfen lassen, ganz fein pürieren und mit einer Gabel unter die Butter mischen. Falls noch Knötchen vorhanden sind, Butter durch ein Sieb streichen. Kalt stellen. Sardellenbutter paßt gut zu Fisch.

Hering-Canapés: Schwarzbrot in Quadrate schneiden (4 cm), Meerrettichbutter daraufstreichen, mit Streifen von marinierten Heringen und Apfelstückchen belegen, mit Schnittlauch bestreuen.

Lachs-Canapés: Weißbrot in Dreiecke schneiden (5 cm Seitenlänge), mit Butter bestreichen, Räucherlachsstückchen, Mayonnaise, Estragonblättchen darauflegen.

Parmaschinken-Häppchen: Graubrot in Rauten schneiden, mit Butter bestreichen, gefalteten oder gerollten Parmaschinken darauflegen, mit Melonenkügelchen garnieren, mit Piekser fixieren.

Pumpernickel-Taler: Kreise von 5 cm Durchmesser mit Butter bestreichen, luftgetrocknete Salami darauflegen und mit Kapern garnieren.

Entenbrust-Häppchen: Toastbrot toasten, Taler ausstechen, mit Kräuterbutter bestreichen, Scheiben von gebratener gewürzter Entenbrust darauflegen und mit runder Mandarinenscheibe garnieren.

Schweizer Herzen: Schwarzbrot zu Herzen ausstechen, buttern, mit ausgestochenen Greyerzer-Herzen, die etwas kleiner sind, belegen, und ½ Walnuß darauflegen.

Cracker mit Rinderzunge: Cracker mit Meerrettichbutter einstreichen, Rinderzunge in Scheibchen geschnitten darauflegen, Essiggurkenscheibchen und Perlzwiebelchen darauflegen.

Mortadella-Schnittchen: Weißbrotdreiecke mit Knoblauchbutter bestreichen, mit zusammengefalteter Mortadella belegen und mit Kapern garnieren.

Kaviar-Canapés: Pumpernickel in Quadrate von 4 cm schneiden, mit Quark bestreichen, in die Mitte ¼ Teelöffel schwarzen Kaviar geben und mit ganz wenig rotem Rogen garnieren, und umgekehrt, also zuerst Quark, dann roten Rogen und zuletzt mit schwarzem Kaviar garnieren.

Belegte Datteln: Frische Datteln halbieren und entsteinen. Mozzarella in Stifte schneiden von 5 x 1 x 1 cm. Dünn geschnittenes Bündner Fleisch in Streifen schneiden und um die Mozzarella-Stifte wickeln. Auf die Datteln legen und mit Pfeffer bestreuen und mit Petersilienzweiglein garnieren.

Blätterteig-Käsespiralen

3 Scheiben tiefgefrorener Blätterteig
1 Ei
50 g geriebener Greyerzer
½ TL Salz
¼ TL frisch gemahlener weißer Pfeffer
zum Bestreuen: Mohn, Kümmel, getrockneter Oregano

Blätterteig nach Packungsanweisung auftauen lassen. Das Ei gründlich verrühren, mit einem Pinsel Ei auf eine Teigplatte streichen und die Hälfte vom Käse und den Gewürzen darauf verteilen. Die zweite Teigplatte ebenfalls mit Ei bestreichen und mit der bestrichenen Seite auf die erste legen. Den Rest des Käses und die Gewürze darauf verteilen. Die dritte Teigplatte ebenfalls auf einer Seite mit Ei bestreichen, mit der bestrichenen Seite auf die anderen legen. Die Platten auf eine Größe von 10 x 20 cm ausrollen. Mit dem Teigrädchen Streifen von 10 cm Länge und 3 bis 4 cm Breite ausrädeln und Streifen einmal drehen. Ein Backblech kalt abspülen. Teigspiralen darauflegen und die Oberfläche, nicht die Schnittflächen, mit dem restlichen Ei bestreichen. Abwechselnd die Teigspiralen mit Mohn, Kümmel und Oregano bestreuen. 15 Minuten stehen lassen. Backofen auf 200 °C vorheizen und die Käsespiralen auf der mittleren Leiste 15 Minuten backen. Schmeckt warm oder kalt.

Kräuter-Brezeln

125 g Mehl
60 g Weizenvollkornmehl
¼ TL Salz
½ TL Backpulver
1 EL gemischte feingehackte Kräuter
90 g Butter
1 Ei
30 g geriebener Parmesankäse

Mehl, Salz, Backpulver in eine Schüssel geben. Kräuter und Butter einarbeiten, indem das Mehl mit der Butter zwischen den Fingern verrieben wird, bis Streusel entstehen. In die Mitte der Streusel eine Mulde drücken, 5 Eßlöffel heißes Wasser hineingeben. Teig kneten, bis er glatt ist. Teig in etwa 40 Bällchen teilen und auf der Arbeitsfläche rollen, bis etwa 30 cm lange Stränge entstanden sind. Ein Backblech einfetten. Stränge zu Brezeln formen, die Enden festdrücken und auf das Blech legen. Das Ei gut verquirlen, mit einem Pinsel die Brezeln bestreichen und mit Parmesan bestreuen. Den Backofen auf 200 °C vorheizen und Brezeln in 15 Minuten backen. Auskühlen lassen.

Käseröllchen mit Schafskäse

1 mittelgroße Zwiebel
½ Bund glatte Petersilie
½ Bund Dill
250 g Schafskäse
2 Eigelb
Paprika rosenscharf
2 Yufka-Teigblätter (gibt's beim Türken, ersatzweise Blätterteig)
Öl zum Ausbacken

Zwiebel schälen und sehr fein hacken. Petersilie und Dill waschen und ebenfalls hacken. Schafskäse zerdrücken und mit dem Eigelb, der Zwiebel und den Kräutern verrühren, mit Paprika würzen. Teigblätter auf der Arbeitsfläche ausbreiten, in Viertel schneiden und jedes Viertel diagonal halbieren. Jeweils 1/16 der Füllung auf die lange Seite des Teigstückes geben und zur Spitze hin aufrollen. Die Spitze mit kaltem Wasser bestreichen und andrücken. In eine Pfanne 1 cm hoch Öl geben, erhitzen und Röllchen darin rundum hellbraun braten. Herausnehmen und das überschüssige Fett auf Haushaltspapier abtropfen lassen. Heiß oder warm servieren.

Schnittchen, Häppchen und Canapés können vielfältige Brotunterlagen haben. Wer eine Platte zusammenstellen will, sollte unterschiedliche Brotsorten verwenden, die natürlich zu dem jeweiligen Belag passsen müssen. Als Grundregel gilt: Weißbrot zu feinen Belägen, Roggenbrot, Vollkornbrot und Pumpernickel zu kräftig schmeckenden Belägen.
Selbstgemachte Buttermischungen wie etwa Kräuterbutter, Sardellenbutter oder Meerrettichbutter bringen zusätzlich Abwechslung und Geschmacksnuancen.
Das Auge ißt mit, gerade bei den kleinen Köstlickeiten. Die Brotbasis für die Häppchen kann in ganz verschiedene Formen geschnitten oder ausgestochen werden: Kreise, Halbkreise, Rauten, Quadrate, Rechtecke, Dreiecke, Herzen ...

Parmaschinken mit Melonen

2 Honigmelonen
1 Kopf grüner Salat
200 g Parmaschinken
schwarzer Pfeffer aus der Mühle
4 cl Sherry
1 EL Zitronensaft
1 EL Himbeergeist

Zarter Schinken und süße Früchte passen ausgezeichnet zusammen. Deshalb gehört die Kombination von Schinken mit Melonen längst zum Standard-Vorspeisenprogramm auch der feinsten Restaurants. Meist wird dabei die Melone schlicht in Spalten geschnitten und mit Schinkenscheiben behängt. Unser Rezept geht einen Schritt weiter und macht eine komplette Vorspeise aus dem Zwiegespann Schinken/Melone. Zur Abwechslung können Sie die Melone auch einmal durch frische Feigen ersetzen – das ist ebenfalls eine erfolgreiche Zusammenstellung. In beiden Fällen sollte der Schinken hauchdünn geschnitten werden, was am besten der Fleischer erledigt. Wenn Sie einen anderen als Parmaschinken verwenden, sollten sie darauf achten, daß es sich um eine zarte und nicht zu salzige Sorte handelt. Sonst produziert dieser Snack mehr Durst, als Sie sich wünschen.

Die Melonen aufschneiden und entkernen. Mit einem Ausstecher Kugeln herausstechen, dabei den Saft in einem tiefen Teller auffangen. 4 Vorspeisenteller mit gewaschenen und abgetupften Salatblättern auslegen. Die Schinkenscheiben aufrollen und darauf verteilen, mit Melonenkugeln garnieren, mit Pfeffer bestreuen. Melonensaft mit Sherry, Zitronensaft und Himbeergeist verrühren, Schinken und Melonenkugeln damit beträufeln. Als Vorspeise gut gekühlt servieren.

Antipasti

Zu den italienischen Vorspeisen serviert man grüne Oliven und getoastete Baguettescheiben, die mit einer Mischung aus feingehacktem Knoblauch und kaltgepreßtem Olivenöl beträufelt wurden.

Zutaten für fritierte Zucchini:

500 g kleine Zucchini, Salz
1/8 Liter Sonnenblumenöl zum Fritieren
etwas Oregano, 1 Knoblauchzehe
3 EL italienischer Weinessig

Zucchini in dünne Scheiben schneiden und mit Salz bestreuen. Etwa ½ Stunde ziehen lassen, den herausgetretenen Saft mit einem Küchentuch abtupfen. Öl in einem Topf bis zum Siedepunkt erhitzen, die Zucchinischeiben hineingeben und goldgelb fritieren. Herausnehmen und auf Küchenkrepp abtropfen lassen. Mit Oregano und hauchdünnen Knoblauchscheibchen bestreuen und Essig darüberträufeln, gut vermischen. Mindestens 2 Stunden ziehen lassen, besser über Nacht.

Zutaten für Tomaten mit Mozzarella:

5 reife Tomaten, 2 Mozzarellakugeln
1 Bund frisches Basilikum, Pfeffer
6 EL kaltgepreßtes Olivenöl

Tomaten waschen und in Scheiben schneiden, den Mozzarella ebenfalls. Jeweils 1 Tomaten- und 1 Mozzarellascheibe abwechselnd in eine Form schichten, jeweils 1 Basilikumblättchen dazwischenlegen. Pfeffern und mit Olivenöl beträufeln.

Zutaten für geröstete Paprikaschoten:

Je 1 rote und 1 grüne Paprikaschote
1 EL Zitronensaft, 4 EL kaltgepreßtes Olivenöl

Paprikaschoten im Backofen bei 250 °C so lange rösten, bis die Schale braun wird und sich in Blasen löst. Paprika mit einem kalten, feuchten Tuch abdecken und etwas abkühlen lassen. Halbieren und die Haut abziehen. Kerne und das Weiße entfernen, Fruchtfleisch in 3 cm breite Streifen schneiden und nebeneinander auf eine Platte legen. Zitronensaft und Öl verrühren und darüberträufeln. Mindestens 2 Stunden durchziehen lassen.

Zutaten für Auberginen in Tomatensauce:

3 mittelgroße Auberginen, Salz
6 EL Olivenöl, 2 Knoblauchzehen
1 Dose geschälte Tomaten, 1 Prise Zucker
frisch gemahlener schwarzer Pfeffer

Auberginen in 2 cm dicke Scheiben schneiden und mit Salz bestreuen. Auf jeder Seite etwa ½ Stunde ziehen lassen, dann den herausgetretenen Saft mit Küchenkrepp abtupfen. Scheiben in Würfel schneiden. Öl in einer Pfanne erhitzen und Auberginen darin unter Rühren braten. Knoblauch dazupressen. Tomaten in einem Topf erhitzen, zerdrücken, salzen, pfeffern und etwas zuckern. Zum Kochen bringen. Auberginen hineingeben, erhitzen, etwas einkochen lassen. Abkühlen lassen und in einer Schüssel servieren.

Gefüllte Avocados
Lachstütchen auf Toast

Zutaten für 4 gefüllte Avocados:
- 2 reife Avocados
- Saft von 1 unbehandelten Zitrone
- Salz
- frisch gemahlener weißer Pfeffer
- 150 g küchenfertige, gegarte Krabben
- ½ EL Mayonnaise
- 1 EL saure Sahne
- ½ EL Tomatenketchup
- einige Spritzer Worcestershiresauce
- etwas frischer Dill

Avocados schmecken nur, wenn sie richtig reif sind. Zur Kontrolle sollte man beim Einkauf mit dem Daumen durch Druck prüfen: Wenn das Fruchtfleisch nachgibt und eine kleine Delle zurückbleibt, sind sie reif.

Die Avocados halbieren, Kern herauslösen, das Fruchtfleisch mit Zitronensaft beträufeln, 10 Minuten stehen lassen, dann mit Salz und Pfeffer bestreuen. Die Hälfte des Fruchtfleisches mit einem Löffel herausnehmen, dabei einen Rand von etwa 1 cm stehenlassen. Fruchtfleisch würfeln, mit Krabben, Mayonnaise, saurer Sahne und Tomatenketchup verrühren. Mit Worcestershiresauce, Salz, Pfeffer und Zitronensaft abschmecken. Füllung auf die Avocados verteilen und jeweils mit 1 Dillzweiglein garnieren. Dazu schmeckt Toastbrot mit Butter.

Zutaten für 8 Lachstütchen auf Toast:
- 180 g Räucherforellenfilet
- 8 Scheiben Räucherlachs
- 1 EL feingehackter Dill
- 1 EL Meerrettich aus dem Glas
- 4 Scheiben Dreikorntoast
- Saft von 1 Zitrone
- 1 unbehandelte Limone
- Salz
- frisch gemahlener schwarzer Pfeffer

Forellenfilet in Stücke schneiden. Lachsscheiben auf die Arbeitsfläche legen und den Meerrettich dünn daraufstreichen. Füllung auf dem Lachs verteilen. Dill daraufstreuen. Lachsscheiben zu Tütchen aufrollen. Toast rösten, diagonal halbieren. Auf einer Platte anrichten, Tütchen darauflegen und mit dem Zitronensaft beträufeln, mit kleinen Limonenscheibchen und Dillzweiglein garnieren. Mit wenig Salz und Pfeffer kurz vor dem Servieren bestreuen.

Schmeckt als kleiner Snack zu einem leichten Weißwein oder paßt gut auf eine Häppchenplatte.

Rohes Gemüse mit zwei Dips

Zutaten für 6 Personen:
Gemüse je nach Saison wie etwa
6 Möhren
250 g Champignons
1 rote und 1 grüne Paprikaschote
1 Salatgurke
6 Frühlingszwiebeln
6 Blumenkohlröschen
6 Broccoliröschen
6 Chicoréeblätter
Staudensellerie
Für den Frischkäse-Dip:
2 Knoblauchzehen
200 g körniger Frischkäse
3 EL süße Sahne
Salz, frisch gemahlener weißer Pfeffer
1 Handvoll feingehackte gemischte Kräuter
Für den Rote-Bete-Dip:
100 g eingelegte Rote Bete
150 g Sahnejoghurt
125 g Magerquark
1 TL Meerrettich oder nach Belieben
Salz, frisch gemahlener weißer Pfeffer
2 EL feingeschnittener Dill
100 g Schillerlocken in Ringe geschnitten

Eine leichte, sommerliche Angelegenheit. Besteck ist überflüssig, man stippt die angerichteten Gemüsestücke in die Dips. Auch im Freien fürs Picknick gut geeignet.

Alle Gemüse putzen, waschen und je nach Form in Stifte oder Röschen schneiden oder zerteilen. Die Stifte sollen so groß sein, daß man sie zum Dippen verwenden kann. Das Gemüse auf einer Platte schön anrichten.
Für den Frischkäse-Dip: Alle Zutaten für den Dip gut verrühren, abschmecken und im Schälchen dazustellen.
Für den Rote-Bete-Dip: Die Rote Bete pürieren und mit den übrigen Zutaten zu einer Sauce verrühren, abschmecken.

Spanische Tapas

Tapas sind die kleinen Appetithappen, die in Spanien zum Sherry gereicht werden. Ihre Vielfalt ist fast unbegrenzt. Immer dazu gehören schwarze und grüne Oliven, luftgetrocknete Salami, luftgetrockneter Schinken und Weißbrot, Salzmandeln, Tortillas aus Kartoffeln und Eiern, und natürlich Sherry.

Zutaten für 16 Pflaumen in Speckmantel:

16 entsteinte Backpflaumen
⅛ Liter halbtrockener Sherry
16 hauchdünn geschnittene Scheiben
durchwachsener Speck

Pflaumen am Tag davor im Sherry marinieren. Sherry abtropfen lassen, jeweils 1 Pflaume mit einer Speckscheibe umwickeln und mit Rouladennadeln feststecken. In einer Pfanne ohne Öl von allen Seiten anbraten. Heiß servieren.

Zutaten für 16 Gambas in Knoblauchöl:

Je 1 rote und 1 grüne Chilischote
2 Knoblauchzehen
4 EL Olivenöl
16 große ausgelöste Hummerkrabben
Salz
schwarzer Pfeffer

Chilischoten längs halbieren, Stielansätze und Kerne entfernen und in Ringe schneiden. Knoblauch auspressen. Öl erhitzen, Hummerkrabben mit Chilischoten und Knoblauch etwa 3 Minuten unter ständigem Rühren anbraten, mit Salz und Pfeffer würzen und heiß servieren.

Zutaten für den Thunfisch-Salat:

300 g Thunfisch im eigenen Saft
1 rote Paprikaschote, 100 g Eisbergsalat
1 kleine rote Zwiebel, 1 Bund Petersilie
Saft von 1 Zitrone, Salz
schwarzer Pfeffer
4 EL kaltgepreßtes Olivenöl

Thunfisch zerpflücken. Paprikaschote waschen, halbieren und in Würfel schneiden. Eisbergsalat putzen, waschen und in Streifen schneiden. Zwiebel schälen, in Ringe schneiden. Petersilie waschen und hacken. Alle Zutaten mischen. Aus Zitronensaft, Salz, Pfeffer und Olivenöl eine Salatsauce rühren und mit den Zutaten vermischen. 1 Stunde durchziehen lassen.

Zutaten für 16 gefüllte Champignons:

16 mittelgroße Champignons
(von etwa 4 cm Durchmesser)
½ Bund Basilikum, ½ Bund Petersilie
1 Knoblauchzehe, 1 Zwiebel
Salz, frisch gemahlener Pfeffer
Cayennepfeffer, Olivenöl
Zitronensaft

Pilze waschen und Stiele herausdrehen. Stiele, Basilikum, Petersilie, Knoblauch und Zwiebel fein hacken und mischen. Ofen auf 225 °C vorheizen. Eine flache Form mit Olivenöl ausstreichen, Champignons hineinsetzen. Füllung in die Öffnung geben, mit Olivenöl beträufeln. Etwa 20 Minuten garen und mit Zitronensaft beträufeln. Lauwarm oder kalt servieren.

Russische Leberwursteier

8 hartgekochte Eier
100 g feine Kalbsleberwurst
4 EL Mayonnaise
4 EL saure Sahne
4 EL Joghurt
1 kleine Gewürzgurke
1 EL gehackte Petersilie
2 TL Kapern
Salz
Pfeffer
Salatblätter für die Platte
1 kleines Glas deutscher Kaviar

Für russische Eier nimmt man stets das Eigelb aus gekochten Eiern heraus und vermengt es mit appetitanregenden Zutaten. Die Mischung wird anschließend wieder in die Eihälften gespritzt. Manchmal gibt es noch eine leckere Sauce dazu. Russische Eier gibt es immer als Vorgericht, man kann aber auch ein ganzes Abendessen damit bestreiten oder ein kaltes Büfett damit anreichern. Es gibt unendlich viele Variationsmöglichkeiten. Vermischen Sie das Eigelb beispielsweise mit feingehacktem Räucherlachs, etwas Öl und Essig – oder mit feingewiegtem Matjeshering und Mayonnaise – oder mit gehacktem rohem Schinken, gehackter Gewürzgurke, feingewiegten Sardellen und Mayonnaise. Sie können das Eigelb auch mit Sardellenpaste, Butter und Senf vermengen und mit Radieschen garnieren.

Die Eier schälen und halbieren. Das Eigelb vorsichtig herausnehmen, mit einer Gabel zerdrücken, in einer Schüssel mit Kalbsleberwurst, Mayonnaise, Sahne, Joghurt, feingewürfelter Gurke, Petersilie und Kapern vermengen, mit Salz und Pfeffer abschmecken. Die Masse in einen Spritzbeutel füllen. Salatblätter waschen und trockentupfen, eine Platte damit bedecken, die Eihälften darauf anrichten, mit der Mischung aus dem Spritzbeutel füllen und mit Kaviar garnieren.

Pfeffer
Salz

Gefüllte Gurken

2 große Salatgurken
300 g Mettwurst in Scheiben
4 Tomaten
2 Zwiebeln
1 kleine Dose Erbsen
Für die Marinade:
4 EL Essig
weißer Pfeffer aus der Mühle
1 Prise Zucker
6 EL Öl
2 TL gehackte Petersilie
2 TL Schnittlauchröllchen

Zur Abwechslung wird der Wurstsalat diesmal in ausgehöhlte Abschnitte von Salatgurken gefüllt – das ist praktisch und sieht außerdem noch originell aus. Den frischen Salat kann man im Sommer zum Abendessen oder zu einem Vesperimbiß servieren, er macht sich auch auf einem kalten Büfett sehr gut und ist arbeitstechnisch problemlos, weil man ihn frühzeitig vorbereiten kann. Zur Abwechslung können Sie die Mettwurst auch durch eine andere kräftige Wurst ersetzen, etwa durch eine Knoblauchwurst oder eine Knackwurst. Bei Wurstsorten ohne ausgeprägten Geschmack sollten Sie die Marinade entsprechend kräftiger würzen.

Von den Salatgurken die Enden kurz abschneiden, die Gurken in 3–4 cm lange Abschnitte teilen. Die Gurkenstücke jeweils an einem Ende aushöhlen, das herausgeschälte Gurkenfleisch würfeln, mit Mettwurstwürfeln, gewürfelten Tomaten und Zwiebelringen mischen und die abgetropften Erbsen dazugeben. Aus den angegebenen Zutaten eine Marinade anrühren und mit den Salatzutaten vermengen. Die Gurkenstücke aufrecht auf eine Platte setzen und bergartig mit dem Salat füllen. Mit den gehackten Kräutern bestreuen.

Bunte Wurstsülze

200 g frisches Sommergemüse (z. B. Karotten, Blumenkohl, Kohlrabi, Spargel)
Salz
2 hartgekochte Eier
150 g Fleischwurst
150 g Cervelatwurst
150 g Rotzungenwurst
3 Tomaten
100 g Salatgurke
8 Blatt weiße Gelatine
¼ Liter Wasser
¼ Liter Weißwein
1 Prise Zucker
Zum Garnieren:
1 Kästchen Kresse

Für heiße Sommertage ist die Wurstsülze am besten geeignet – und für Leute, die auf ihre schlanke Linie achten müssen. Am interessantesten sieht die Sülze aus, wenn sie in einer hohen Glasform zubereitet wird. Geben Sie Remouladensauce dazu.

Gemüse putzen, dann in Scheiben oder Stückchen zerteilen, in wenig Salzwasser bißfest kochen, abtropfen und abkühlen lassen. Eier schälen und in Scheiben schneiden. Wurst abpellen, Fleisch- und Cervelatwurst in Streifen schneiden, Rotzungenwurst in kleine Würfel. Tomaten und Gurke in dünne Scheiben schneiden. Gelatine in wenig kaltem Wasser einweichen. Wasser mit Wein, etwas Salz und Zucker aufkochen, die ausgedrückte Gelatine darin auflösen. Eine Glasform mit kaltem Wasser ausspülen. Abgekühlten Geliersud etwa 5 mm hoch hineingießen und erstarren lassen. Gemüse, Eier, Wurst, Tomaten- und Gurkenscheiben abwechselnd hineinschichten, mit Geliersud übergießen. So fortfahren, bis alle Zutaten verbraucht sind. Die Sülze abkühlen lassen und im Kühlschrank einige Stunden erstarren lassen.
Vor dem Servieren die Schüssel kurz in heißes Wasser tauchen und die Sülze auf eine Platte stürzen, ringsherum mit Kresse garnieren.

New-Orleans-Salat

200 g gekochter Schinken am Stück	
200 g Emmentaler Käse am Stück	
1 Glas Maiskölbchen (Abtropfgewicht 165 g)	
Saft von 1 Zitrone	
1 Bund Schnittlauch	
einige Salatblätter	
Für die Marinade:	
120 g Mayonnaise	
250 g saure Sahne	
1 Spritzer Tabascosauce	
1 Prise Currypulver	
Salz, weißer Pfeffer aus der Mühle	
1 Prise Zucker	

Die sauer eingelegten Maiskölbchen verleihen diesem duftigen Salat die besondere Note. Überraschen Sie Ihre Familie am Wochenende damit oder planen Sie den Salat für den nächsten Abend mit Gästen ein. In spätestens 15 Minuten steht er auf dem Tisch – auch plötzlich eintreffender Besuch kann Sie nicht in Verlegenheit bringen. Gekochter Schinken wird immer ausgelöst, d. h. ohne Knochen, verarbeitet. Zum Kochen kommt das Fleisch von der Hinterkeule des Schweines im allgemeinen in eine Kochform. Schinken darf nicht bei hohen Temperaturen gekocht werden, sondern nur bei Hitzegraden unter der Kochtemperatur gargezogen werden, weil er sonst nicht zart gerät.

Schinken und Käse in feine Würfel schneiden, mit den abgetropften Maiskölbchen vermengen, etwas Zitronensaft aufträufeln (Rest für die Marinade verwenden) und gehackten Schnittlauch aufstreuen. Eine Salatschüssel mit den gewaschenen und abgetrockneten Salatblättern auslegen und den Salat bergartig darin anrichten. Marinadezutaten miteinander vermengen und abschmecken, über den Salat gießen. Vor dem Servieren gut durchziehen lassen.

Feiner Fleischsalat

200 g Kalbsbraten (fertig gekauft oder Rest)	
125 g gekochter Schinken	
100 g Cervelatwurst	
4 Senfgurken (Glas)	
1 säuerlicher Apfel	
125 g Champignons	
Für die Marinade:	
100 g Mayonnaise	
Salz	
1 Prise Zucker	
weißer Pfeffer aus der Mühle	
1/4 TL gemahlener Ingwer	
2 TL Paprika edelsüß	
1 TL Curry	
2 EL Barbecuesauce (Fertigprodukt)	
2 TL Zitronensaft	
Zum Garnieren:	
2 Scheiben Ananas	
40 g Walnußkerne	
1 Bund Petersilie	

Fleischsalat paßt als Brotbelag oder als Beigabe zu Vollkornbrot und Butter bei einem leichten Abendessen. In der Küche kann er zur Resteverwertung eine Rolle spielen – gebratenes oder gekochtes Fleisch, Reste von Wurst oder Fleischkäse lassen sich hervorragend „versalaten". Wer die Mayonnaise wegen ihrer Fetthaltigkeit nicht liebt, verrührt sie mit Joghurt.

Kalbsbraten, gekochten Schinken, Cervelatwurst und Gurken in feine Streifen schneiden. Apfel ungeschält halbieren, entkernen und in Streifen schneiden. Champignons waschen, in Scheibchen schneiden oder halbieren. Diese Zutaten in einer Schüssel miteinander mischen, Marinadezutaten vermengen und kräftig abschmecken, unter den Salat heben, 20 Minuten ziehen lassen. Ananasscheiben abtropfen lassen, in gleichmäßige Stückchen schneiden. Walnußkerne halbieren, Petersilie waschen, trockentupfen. Den Salat mit Ananasstückchen, Walnußhälften und Petersiliensträußchen garnieren.

Württembergischer Winzersalat

1 Kopf Eichblattsalat
50 g zarte grüne Bohnen
1 Karotte
Salz
3 EL Butter
2 Scheiben Toastbrot
1/2 Knoblauchzehe
8 dünne Scheiben durchwachsener Speck
8 Scheiben Blutwurst, etwa 1/2 cm dick
Für die Marinade:
3 EL Weinessig
1/2 TL mittelscharfer Senf
Salz, schwarzer Pfeffer aus der Mühle
1 Prise Zucker
6 EL feines Salatöl
200 ml Geflügelfond (fertig zu kaufen)
außerdem:
1 EL Schnittlauchröllchen

Ein raffinierter kleiner Salat, der zu einem Wein aus Württemberg, etwa einem Schillerwein, hervorragend schmeckt. Speck und Blutwurst sind die geschmackgebenden Bestandteile.

Eichblattsalat putzen. Geputzte Bohnen in Stückchen und geschälte, mit dem Buntmesser in Scheiben geschnittene Karotte in Salzwasser in etwa 10 Minuten bißfest kochen, in Eiswasser abschrecken und abtropfen lassen. 2 Eßlöffel Butter in einer Pfanne erhitzen. In kurze Streifen geschnittenes Brot darin mit der halben Knoblauchzehe knusprig goldbraun braten. Knoblauch entfernen. Speckscheiben in der trockenen Pfanne knusprig braten. Restliche Butter erhitzen, Blutwurst darin auf beiden Seiten kurz anbraten, warmstellen.
Aus Essig, Senf, Salz, Pfeffer, Zucker, Öl und Geflügelfond die Marinade anrühren. Eichblattsalat, Bohnen und Karotte darin wenden. Auf 4 Tellern anrichten. Brot und Speck darauf verteilen, je 2 Scheiben Blutwurst darauflegen und Schnittlauch darüberstreuen.

PREISMÜN
Württemberg
1979 er
Spätlese
A. P. Nr. 240 011 80

Gefüllte Kohlrabi

4 junge Kohlrabi
Salz
80 g Butter
weißer Pfeffer
4 Zweige Blattpetersilie
50 g Zwiebeln
100 g frische Champignons
1 TL Mehl
100 g ungarische Hansager Bauernwurst
100 g Gyulaer Kolbaß
1 Ei
4 Scheiben Paprikaspeck (à 10 g)
Für die Sauce:
50 g geriebener Emmentaler
100 g saure Sahne
1 EL Mehl

Von den Kohlrabi die Blätter entfernen, etwa 8–12 größere Blätter aufheben. Kohlrabi schälen, Unterseite etwas abflachen, oben einen Deckel abschneiden. Die Knollen aushöhlen, mit den Deckeln in Salzwasser bißfest garen. Das Ausgehöhlte fein hacken, in 20 g Butter garen, salzen, pfeffern und mit gehackter Petersilie bestreuen. Von den Kohlrabiblättern die Stengel abschneiden, die Blätter kurz blanchieren und abschrecken. Gewürfelte Zwiebeln und in Scheiben geschnittene Pilze in 20 g Butter garen, Mehl darüberstäuben. Würste enthäuten, in dünne Scheiben schneiden, diese etwas anbraten, abgekühlt zur Pilzmischung geben und alles mit verquirltem Ei und der Kohlrabimasse vermengen. Kohlrabi und Blätter mit dieser Farce füllen. Blätter aufrollen und mit Holzstäbchen feststecken, in wenig Kohlrabiwasser 20 Minuten garen. Die gefüllten Kohlrabi mit Deckeln und je einer Scheibe Speck krönen, in einer gefetteten Auflaufform bei 200 °C 5–8 Minuten überbacken. Aus restlicher Butter, Mehl, Kohlrabiwasser, Reibkäse und Sahne eine dickliche Sauce kochen, Kohlrabi und gefüllte Blätter damit überziehen.

Chef-Salat

200 g gekochter Schinken
2 fingerdicke Scheiben Emmentaler Käse
1 Salatgurke
1 Kopf grüner Salat
4 hartgekochte Eier
2 Zwiebeln
1 grüne Paprikaschote
4 Tomaten
2 Knoblauchzehen
Für die Marinade:
8 EL Olivenöl
4 EL Weinessig
1/2 TL mittelscharfer Senf
Salz, weißer Pfeffer aus der Mühle
2 EL gehackte frische Kräuter
(z. B. Petersilie, Kerbel)

Unter dieser Bezeichnung ist ein besonders reichhaltiger Salat aus vielen frischen Zutaten zu verstehen – so, wie er dem Chef schmeckt. Verwandte Rezepte gibt es auch mit dem Namen „Küchenmeister-Salat". Man kann die Salatzutaten wie üblich in der Salatschüssel mischen, die einzelnen Zutaten aber auch in getrennten Sektoren auf einer Salatplatte anordnen und dann die Marinade darübergießen. Ein Chef-Salat kann ein komplettes Abendessen ersetzen.

Schinken und Käse in feine Streifen schneiden. Gurke schälen und in dünne Scheiben hobeln. Salat verlesen, waschen und trockenschleudern. Eier schälen und achteln. Zwiebeln schälen und in Ringe schneiden. Paprikaschote von Kernen und Scheidewänden befreien und in Ringe schneiden. Die Tomaten überbrühen, abziehen und achteln. Eine Salatschüssel mit Knoblauch ausreiben und mit den Salatblättern auslegen. Die übrigen Salatzutaten darauf anrichten. Aus den angegebenen Zutaten eine Marinade anrühren und über den Salat gießen. Kühl zu Stangenweißbrot und Butter servieren.

Kasseler-Salat

500 g Kasseler am Stück
1 Glas Gewürzgurken (Abtropfgewicht 110 g)
1 Glas Senfgurken (Abtropfgewicht 120 g)
1 Glas Kürbis süßsauer
(Abtropfgewicht 115 g)
250 g Tomaten
1 kleines Glas Perlzwiebeln
(Abtropfgewicht 55 g)
Für die Marinade:
3–4 EL Essig
4 EL Öl
2 TL Meerrettich (Glas oder Tube)
Salz, weißer Pfeffer aus der Mühle
2–3 EL gehackte Kräuter
(Petersilie, Schnittlauch, Kerbel, Dill)
Zum Garnieren:
4 hartgekochte Eier

Ein Salat, der in längstens 25 Minuten fertiggestellt ist und eine ganze Mahlzeit ersetzen kann. Er paßt auf das Salatbüfett einer Party ebensogut wie in einen Picknickkorb und natürlich auf den häuslichen Abendbrottisch. Die vorgeschriebenen Sauerkonserven machen ihn besonders pikant, sie sorgen auch für einen niedrigen Kaloriengehalt. Ein deftiges Landbrot und frische Butter passen als Beigaben am besten – Sie können es aber auch mit Sechskorn- oder Sojabrötchen probieren. Als Getränk paßt ein süffiges Export oder Weizenbier besser als Wein, der mit dem Essig der Marinade nicht besonders gut harmoniert.

Kasseler, abgetropfte Gewürz- und Senfgurken in feine Streifen schneiden. Kürbis abtropfen lassen, Tomaten überbrühen und abziehen, beides in feine Würfel schneiden. Salatzutaten einschließlich Perlzwiebeln vorsichtig mischen. Marinadezutaten vermengen und abschmecken, den Salat damit anmachen. Eier schälen und achteln, den in eine Schüssel gefüllten Salat damit garnieren. Vor dem Servieren gut durchziehen lassen.

Schwedischer Schinkensalat

100 g Hörnchennudeln oder 250 g gekochte
Salz
250 g gekochter Rinderschinken
1 Banane (150 g)
Saft von 1 Zitrone
½ Sellerieknolle (250 g)
½ kleine Honigmelone (etwa 300 g)
125 g blaue Weintrauben
1 kleine Dose Erbsen extrafein (280 g)
Für die Marinade:
50 g Mayonnaise
125 g saure Sahne
Saft von ½ Zitrone
Salz
weißer Pfeffer aus der Mühle
1 Prise Zucker

Hörnchennudeln in reichlich gesalzenem Wasser bißfest garen, auf einem Sieb abschrecken und abtropfen lassen oder fertiggekochte Nudeln verwenden. Rinderschinken in 5 mm große Würfel schneiden, mit den kalten Nudeln in eine Schüssel geben. Banane schälen, in 5 mm breite Streifen schneiden, auf einem Teller mit der Hälfte des Zitronensafts beträufeln. Sellerie unter fließendem Wasser abbürsten, schälen, nochmals abspülen und abtropfen lassen, grob raffeln und mit dem restlichen Zitronensaft beträufeln. Melone von den Kernen befreien, aus dem Fruchtfleisch Kugeln ausstechen. Weintrauben waschen, die Beeren abzupfen, halbieren und entkernen. Erbsen abtropfen lassen. Alles mit Bananenstreifen und Sellerie unter Nudeln und Schinken heben.

Für die Marinade Mayonnaise und Sahne verrühren, mit Zitronensaft, Salz, Pfeffer und Zucker abschmecken. Salat mit Marinade übergießen, im Kühlschrank 60 Minuten durchziehen lassen und nochmals abschmecken.

Mit Toast oder Knäckebrot reichen.

Schwarzwurzelsalat mit Schinken

1 Packung tiefgefrorene Schwarzwurzeln	
150 g gekochter Schinken	
75 g Emmentaler	
1 EL Kapern	
1 EL Walnußstückchen	
Für die Marinade:	
1 Becher Joghurt	
1 EL frische Sahne	
1 TL Worcestershiresauce	
1 TL Currypulver	
1 Schalotte	
weißer Pfeffer aus der Mühle	
Salz	

Meist kombiniert man gekochten Schinken mit Spargel – in unserem Fall sind Schwarzwurzeln das Leitgemüse des Salates, und Sie werden feststellen, daß das ausgezeichnet schmeckt, vor allem auch dank der pfiffigen Verfeinerung mit geriebenem Käse und Walnüssen. Sie können es trotzdem mit gekochtem Spargel versuchen, etwa mit Abschnitten aus der Dose, wenn gerade keine Spargelzeit ist. Aber origineller ist der Schwarzwurzelsalat auf jeden Fall. Außerdem sind die Schwarzwurzeln, einst Skorzoneren oder auch Arme-Leute-Spargel genannt, nährstoffreicher als die bleichen Spargelstangen, die hauptsächlich aus Wasser bestehen. Kochen Sie die Schwarzwurzeln so, daß sie noch einen kernigen Biß behalten.

Die Schwarzwurzeln bißfest garen, abkühlen lassen und in mundgerechte Stücke zerteilen. Den Schinken in Streifen schneiden. Den Emmentaler reiben. Aus den angegebenen Zutaten die Salatmarinade mischen, dabei die Schalotte möglichst fein hacken. Salatzutaten vermengen, die Marinade unterheben und gut vermischen. Den geriebenen Käse, die Kapern und die Walnußstücke auf den Salat streuen.

Kneipenbrote

Zutaten für 4 Stück

Für die Kräuterbutter:
je 1 Bund Schnittlauch und Petersilie
250 g Butter
1–2 Knoblauchzehen
Salz, frisch gemahlener Pfeffer
Für das Brot:
4 Baguette-Brötchen oder 2 Baguette-Brote
2 Schalotten
3 Tomaten
4 Scheiben Putenbrustaufschnitt
100 g Appenzeller oder Gruyère

Diese beliebten Kneipenbrote können vielfach mit anderen Brotsorten und Belägen variiert werden. Gut schmecken auch Sesambrötchen, Kümmelstangen, türkisches Fladenbrot oder Roggenbrötchen. Als Belag eignen sich Kombinationen aus Mozzarella mit Tomaten und Basilikum, oder Salami, Paprika und Gouda, oder auch Schinken, Tomaten und Edelpilzkäse.

Butter aus dem Kühlschrank nehmen, damit sie etwas weich wird. Schnittlauch und Petersilie waschen und fein schneiden. Knoblauch schälen und durch die Presse drücken. Butter mit Kräutern, Knoblauch, Salz und Pfeffer mit einer Gabel mischen. In ein Schüsselchen füllen und kalt stellen.

Für das Brot: Baguette-Brötchen halbieren und jede Hälfte mit Kräuterbutter bestreichen. Schalotten schälen und in Ringe schneiden. Tomaten waschen, Stielansätze entfernen und in Scheiben schneiden. Käse ebenfalls in Scheiben schneiden. Die untere Brothälfte mit Putenbrust, Tomaten, Zwiebelringen und Käse belegen und die obere Hälfte darauflegen. Im vorgeheizten Backofen bei 220 °C 10 Minuten backen, bis der Käse schmilzt.

Burger-Parade

Zutaten für 4 Hamburger:

1 Zwiebel
500 g Rinderhack
1 Ei
Salz
frisch gemahlener schwarzer Pfeffer
Öl zum Anbraten
4 Sesambrötchen
4 Salatblätter
4 EL Mayonnaise
4 EL Ketchup

Zwiebel schälen und fein hacken. Zwiebel zu dem Rinderhack geben und mit Ei, Salz und Pfeffer zu einer Masse verkneten. Mit den Händen 4 Kugeln formen und zu Scheiben von etwa 2 cm Dicke flachdrücken. Brötchen halbieren, auf die untere Hälfte ein Salatblatt legen. Tomaten waschen und in Scheiben schneiden. Öl in einer Pfanne erhitzen, Hamburger darin auf beiden Seiten etwa 5 Minuten braten. Herausnehmen, jeweils einen auf die untere Seite der Brötchen legen, darauf die Tomatenscheiben verteilen und jeweils mit einem Eßlöffel Mayonnaise und Ketchup garnieren. Die obere Brötchenhälfte darauflegen und heiß essen.

Variationen:

Cheeseburger: Auf den Hamburger jeweils 1 Scheibe Schmelzkäse legen.

Mäc Bacon: Anstatt Tomatenscheiben gerösteten Frühstücksspeck auf den Burger legen.

Hawaii-Mäc: Anstatt der Tomaten Ananasscheiben verwenden.

Zutaten für 4 Mäc Vollwert:

250 g Grünkernschrot
Salz
frisch gemahlener Pfeffer
2 Eier
1 Zwiebel
Kräuter nach Belieben
Öl zum Braten

Grünkernschrot in Wasser etwa 1 Stunde quellen lassen. Gewürze dazugeben und unter ständigem Rühren in ½ Liter Gemüsebrühe zum Kochen bringen. Etwa 15 Minuten unter Rühren kochen lassen. Masse etwas abkühlen lassen. Eier darunterkneten, nach Belieben feingehackte Kräuter daruntermischen. Mit den Händen Kugeln formen, diese zu Scheiben von etwa 2 cm Dicke flachdrücken. Öl in einer Pfanne erhitzen, Burger auf beiden Seiten etwa 5 Minuten darin braten. In die Vollkornbrötchen legen und nach Belieben mit Salat, Sprossen, Tomaten, Speck und Tomatenketchup garnieren.

Gefülltes Weißbrot

1 französisches Weißbrot (Baguette)	
400 g grobe Streichmettwurst	
2 Zwiebeln	
2 kleine Gewürzgurken	
75 g Butter	
2 Eigelb	
Salz, Pfeffer	
2 EL frisch gehackte Kräuter	

Das französische Weißbrot mit leckerer Füllung eignet sich ausgezeichnet als Büroimbiß für die Mittagspause oder für eine kleine Büroparty, wenn es gilt, einen Geburtstag oder eine Beförderung zu feiern. Man kann diese Zubereitung aber auch für ein Picknick einplanen oder ein Sonntagsfrühstück (Brunch) damit bereichern. Für die Füllung gibt es keine Standardvorschriften – an Ihnen liegt es, das Rezept mit kulinarischer Phantasie abzuwandeln. Ersetzen Sie beispielsweise die Mettwurst durch eine andere Streichwurst, die Gurken durch Oliven oder Tomaten. Mit Knoblauchbutter und Schmelzkäsescheiben gefülltes Stangenweißbrot können Sie auch, in Alufolie gewickelt, unter dem vorgeheizten Grill 10–12 Minuten überbacken und heiß servieren.

Das Weißbrot der Länge nach aufschneiden und die Krume heraushöhlen, in wenig heißem Wasser einweichen, dann ausdrücken und mit der Mettwurst, den gehackten Zwiebeln und der gewürfelten Gewürzgurke vermengen. Die Butter mit Eigelb verkneten, mit Salz, Pfeffer und Kräutern würzen. Untere Hälfte des Weißbrotes mit der Buttermischung bestreichen und die Wurstmischung darauf verteilen. Die obere Brothälfte darüberklappen, das Weißbrot in Portionsstücke teilen und diese einzeln in Alufolie verpacken.

Party-Häppchen

Zutaten für die Orangen-Käse-Häppchen:

2 mittelgroße Orangen
8 Scheiben Vollkornbrot
250 g Roquefort-Käse
1 unbehandelte Orange

Die Orangen schälen, die weiße Haut entfernen und in Scheiben von etwa ½ cm schneiden. Vollkornbrot in dünne Scheiben schneiden und Kreise von etwa der Größe der Orangenscheiben ausstechen. Brotscheiben jeweils mit 1 Orangenscheibe belegen, vom Roquefort ein passendes Stück abschneiden und darauflegen. Mit dem Zestenschneider von der unbehandelten Orange Streifchen abziehen und Käse damit garnieren.

Zutaten für die Tatar-Häppchen:

Pumpernickelbrot, 3 Schalotten, 2 Cornichons
1 Eigelb, 250 g Beefsteakhack, Salz, 1 TL Senf,
schwarzer Pfeffer aus der Mühle, Friséesalat
Butter zum Bestreichen
5 Kirschtomaten, 20 Kapern

Aus den Pumpernickelscheiben 20 Taler von so etwa 4 bis 5 cm Durchmesser ausstechen. Schalotten schälen und fein hacken, die Cornichons ebenfalls. Mit dem Eigelb vermengen und Beefsteakhack mit einer Gabel daruntermischen. Mit Salz, Senf und Pfeffer abschmecken. Friséeblätter putzen, waschen, gut abtropfen lassen und in Stücke teilen. Brottaler mit Butter bestreichen, Friséeblatt darauflegen, Beefsteakmischung darauf verteilen. Jeweils ein Häppchen mit ¼ Tomate und einer Kaper garnieren.

Zutaten für die Krabben-Häppchen:

300 g gegarte Krabben
Saft von ½ Zitrone
100 ml süße Sahne
Meerrettich nach Belieben
frisch geriebener weißer Pfeffer
Dill, festes Weißbrot

Krabben abspülen und trockentupfen. 20 Krabben aufbewahren für die Garnitur. Die restlichen mit Zitronensaft und Sahne im Mixer pürieren. Nach Belieben mit Meerrettich und Pfeffer würzen. Dill waschen und in kleine Zweiglein teilen. Brot in dünne Scheiben schneiden, 20 Kreise von etwa 4 bis 5 cm ausstechen. Krabben-Meerrettich-Creme auf den Kreisen verteilen, jeweils mit 1 Krabbe und mit einem kleinen Dillzweig garnieren.

Zutaten für die Spargel-Häppchen:

4 Scheiben Toastbrot
Butter zum Bestreichen
4 Scheiben Roastbeef (etwa ½ cm dick)
etwa 300 g Spargelspitzen (gegart)
4 EL Mayonnaise, 3 EL süße Sahne
2 Mandarinen
Blattpetersilie zum Garnieren

Brot toasten, mit Butter bestreichen und mit Roastbeefscheiben belegen. Toast diagonal zu Dreiecken durchschneiden. Spargelspitzen auf die Dreiecke legen. Mayonnaise mit Sahne verrühren, jeweils einen kleinen Klacks Mayonnaise-Sahne-Mischung daraufgeben. Mit ausgelösten Mandarinenfilets und Petersilienzweiglein garnieren.

Kleine Köstlichkeiten zum Sekt

Zutaten für 24 Hamburgerchen:

2 kleine Zwiebeln
300 g Rinderhack
Salz, schwarzer Pfeffer
Öl, zum Anbraten
24 runde Cracker
2 EL Crème fraîche, 1 EL Senf
24 Friséeblätter, Ketchup

Zwiebeln schälen und 1 ganz fein hacken, mit Rinderhack, Salz und Pfeffer vermischen und 24 Bällchen formen. Diese zu Scheibchen in der Größe der Cracker flachdrücken. Öl erhitzen und Hackscheibchen darin auf beiden Seiten etwa 2 Minuten anbraten. Herausnehmen und abkühlen lassen. Die andere Zwiebel in hauchdünne Scheibchen schneiden. Crème fraîche mit Senf verrühren und Cracker damit bestreichen. Kleine Friséeblätter auf die Cracker legen, mit jeweils 1 Hackscheibe belegen und mit Zwiebelring garnieren. Als Krönung etwas Ketchup daraufsetzen.

Zutaten für 12 Feigen mit Nuß-Creme:

1 Dose Feigen oder 6 frische
100 g Haselnüsse, 100 g Crème fraîche
Salz, 1–2 EL Cognac

Feigen waschen und trockentupfen, Dosenware abtropfen lassen. Halbieren. 6 Haselnüsse für die Garnitur zurückbehalten, den Rest fein mahlen und mit der Crème fraîche verrühren. Mit Salz und Cognac abschmecken. Creme in einen Garnierbeutel füllen und auf die Feigen spritzen. Jede Feige mit 2 halbierten Nüssen garnieren.

Zutaten für 24 Lachsröllchen mit Käsefüllung:

150 g Räucherlachs in Scheiben geschnitten
200 g Doppelrahmfrischkäse
1 TL Senf, 2 EL Zitronensaft
Salz, frisch gemahlener weißer Pfeffer
½ Bund Dill, 6 Scheiben Toast, Butter

Lachsscheiben zu einem Rechteck auslegen, dabei sollten sie sich überlappen. Käse mit Senf, Zitronensaft, Salz und Pfeffer verrühren. Dill waschen, trockentupfen und die Hälfte fein schneiden, den Rest für die Garnitur verwenden. Käsemasse gleichmäßig auf den Lachs streichen. Lachs von der Längsseite her aufrollen, in Frischhaltefolie einschlagen und im Gefrierfach ganz leicht anfrieren lassen. Toast rösten und mit einem 5 cm großen Glas ausschneiden. Taler buttern. Folie von der Lachsrolle entfernen und in etwa 2 cm dicke Scheiben schneiden. Auf die Taler setzen. Achten Sie darauf, daß die Taler beim Servieren nicht mehr gefroren sind.

Für 24 Chicoréeblätter mit Geflügelsalat:

2 Chicoréestauden, 150 g gares Geflügelfleisch
1 Dose Mandarinen, 1 Stange Staudensellerie
3 EL Joghurt, 1 EL Zitronensaft, Salz, weißer Pfeffer

24 mittelgroße Chicoréeblätter ablösen, waschen und trockentupfen, zu große Blätter halbieren. Fleisch würfeln, Mandarinenfilets halbieren. Sellerie putzen, waschen und stifteln. Joghurt mit Zitronensaft, Salz und Pfeffer verrühren. Alles vermischen und auf den Chicoréeblättern verteilen.

Deutz &

Fisch-Piroggen
Räucherfisch-Pasteten

Zutaten für 10 Fisch-Piroggen:

300 g tiefgekühlter Blätterteig, Mehl
Für die Füllung: 250 g Kabeljau-Filet
Saft von 1 Zitrone, Salz, Pfeffer
1 TL Pfefferkörner, 1 Lorbeerblatt
1 kleine Zwiebel, 50 g Räucherspeck, 1 EL Öl
½ Bund Petersilie, 20 g Sardellenfilets
1 Essiggurke, ½ EL Tomatenmark, 1 Ei

Blätterteig auftauen. Auf einer bemehlten Arbeitsfläche zu Quadraten ausrollen, Kreise von 15 cm Durchmesser ausstechen.
Für die Füllung: Kabeljau abspülen, trockentupfen und mit Zitronensaft beträufeln. Mit Salz und Pfeffer würzen. ¼ Liter Wasser zusammen mit Salz und Pfefferkörnern, Lorbeerblatt und der geschälten Zwiebel zum Kochen bringen und den Fisch etwa 10 Minuten darin ziehen lassen. Herausnehmen und in kleine Stücke teilen. Räucherspeck in kleine Würfel schneiden und in dem heißen Öl knusprig anbraten. Petersilie waschen und fein hacken. Sardellenfilets in Wasser legen, etwas ziehen lassen, herausnehmen und fein hacken. Fisch mit der Petersilie, den Sardellen und Gurkenwürfeln vermischen. Mit Salz und Pfeffer abschmecken. Teigkreise mit Tomatenmark bestreichen und auf die untere Hälfte die Fischfüllung geben. Ei trennen. Teigränder mit Eiweiß bestreichen, Teig über die Füllung klappen und die Ränder fest zusammendrücken. Restliches Eiweiß mit dem Eigelb verrühren und die Piroggen damit bestreichen. Im vorgeheizten Backofen bei 225 °C 20–25 Minuten backen. Heiß zu Wein oder Bier servieren.

Zutaten für 10 Räucherfisch-Pasteten:

1 Paket Tiefkühl-Blätterteig (300 g)
Mehl zum Ausrollen
1 Eiweiß zum Bestreichen
1 Eigelb
100 g Crème fraîche
Salz, frisch gemahlener Pfeffer
1 EL mittelscharfer Senf
1 Bund Dill
Saft von ½ Zitrone
250 g Schillerlocken
250 g geräucherte Forellenfilets
150 g Räucherlachs

Blätterteig auftauen lassen. Auf einer bemehlten Arbeitsfläche auf die doppelte Größe ausrollen und in 10x10 cm große Quadrate schneiden. Für den Rand Teigstreifen ausschneiden. Backblech mit kaltem Wasser abspülen und Teigquadrate darauflegen. Eigelb, Crème fraîche, Salz, Pfeffer und Senf mit ¾ des feingeschnittenen Dills verrühren. Mit Zitronensaft abschmecken. Räucherfisch in kleine Stücke teilen. Je 2 Eßlöffel Senfcreme auf die Blätterteigscheiben geben, dabei die Ränder frei lassen. Mit Räucherfisch belegen. Teigränder mit Eiweiß bestreichen. Teigränder auf die Quadrate legen, an zwei Ecken Zipfel hervorschauen lassen und Teigstränge einmal drehen. Rand andrücken. Backblech in den auf 225 °C vorgeheizten Backofen stellen und 10 bis 12 Minuten backen. Heiß servieren.

IHRINGER
ALC. 11 % BY VOL.
PRODUCE OF GERMANY

Gefüllte Schiffchen

Zutaten für 6 Schiffchen mit Gruyère und Parmaschinken von einer Länge von 12 cm:

- 1/2 Packung tiefgefrorener salziger Mürbeteig (150 g) oder selbstgemachter (siehe S. 16)

Für die Füllung:

- 100 g Gruyère
- 100 g Parmaschinken
- 150 ml süße Sahne
- 1 Ei
- ½ TL Dijon-Senf
- frisch gemahlener Pfeffer

Mürbeteig auftauen lassen, etwa ½ cm dünn ausrollen und Schiffchen damit auslegen oder selbstgemachten verwenden. Mit einer Gabel den Teig mehrmals einstechen. Backofen auf 200 °C vorheizen und Teig 10 Minuten ohne Füllung blind vorbacken, dafür Bohnenkerne auf dem Teigboden verteilen. Während die Schiffchen vorbacken, den Käse in Scheiben schneiden, Parmaschinken in Streifen. Vom Parmaschinken 6 größere Scheiben für die Garnitur zurückbehalten. Schiffchen aus dem Backofen nehmen, Bohnen entfernen. Käse in den Schiffchen verteilen, Parmaschinkenstreifen ebenfalls. Sahne mit Ei, Senf und Pfeffer verrühren und mit einem Löffel auf die Schiffchen verteilen. Dann noch 15 Minuten backen. Jeweils mit einem Schinkenscheibchen locker belegen und warm oder kalt servieren.

Zutaten für 6 Schiffchen mit Austernpilzen von einer Länge von 12 cm:

- ½ Packung tiefgekühlter salziger Mürbeteig oder selbstgemachter (siehe S. 16)

Für die Füllung:

- 100 g Austernpilze
- 1 EL Butter, ½ EL Mehl
- 1 TL feingeriebene Schale von 1 unbehandelten Limette, 2 EL Limettensaft
- 2 EL Marsala, 3 EL Crème fraîche
- 2 EL feingeschnittener Schnittlauch
- Salz, frisch gemahlener schwarzer Pfeffer

Mürbeteig auftauen lassen und etwa ½ cm dick ausrollen. Die Schiffchen damit auslegen. Mit einer Gabel den Teig mehrmals einstechen. Den Backofen auf 200 °C vorheizen und Schiffchen ohne Füllung etwa 10 Minuten blind vorbacken. Dafür auf dem Teigboden Bohnenkerne verteilen.

Für die Füllung: Austernpilze waschen und ausdrücken, trockentupfen. Butter in einem Topf erhitzen, geputzte und in Streifen geschnittene Pilze hineingeben, 2 Minuten unter Rühren dünsten. Mehl dazugeben und 1 Minute weiterdünsten. Limonenschale und -saft sowie den Marsala dazugeben und unter Rühren noch 1 Minute dünsten. Topf von der Platte nehmen, Crème fraîche, Schnittlauchröllchen, Salz und Pfeffer zu den Austernpilzen geben. Schiffchen aus dem Backofen nehmen, Bohnen entfernen und Füllung in die Schiffchen löffeln. Noch 15–20 Minuten im Backofen backen. Aus den Förmchen nehmen und mit 2 auf die Länge der Schiffchen passenden Schnittlauchstengeln garnieren.

Gefüllte Tarteletts

Zutaten für 6 Tarteletts mit Hechtfüllung von einem Durchmesser von 10 cm:

½ Packung tiefgefrorener salziger Mürbeteig (150 g) oder selbstgemachter (siehe S. 16)

Für die Füllung:

50 g Sauerampfer

180 g Hechtfilet

1 EL Butter

2 EL feingehackte Frühlingszwiebeln

Salz, frisch gemahlener Pfeffer

1 Ei

150 ml süße Sahne

geriebene Muskatnuß

Mürbeteig auftauen lassen und etwa ½ cm dick ausrollen oder selbstgemachten verwenden. Auf die Tartelett-Förmchen verteilen. Ofen auf 200 °C vorheizen und Teig 10 Minuten ohne Füllung blind vorbacken. Dafür auf dem Teigboden Bohnenkerne verteilen.

Für die Füllung: In der Zwischenzeit Sauerampfer putzen, waschen, abtropfen lassen oder trockentupfen und hacken. Hechtfilet in kleine Stücke schneiden. Butter in einem Topf erhitzen, Frühlingszwiebeln und Sauerampfer hineingeben und unter Rühren 1 Minute dünsten. Hechtstücke dazugeben und mit Salz und Pfeffer abschmecken.

Ei, Sahne und Muskat verrühren und unter die Hecht-Mischung rühren. Tartelett aus dem Backofen nehmen, Bohnen entfernen. Mit einem Löffel die Füllung auf den Tarteletts verteilen. Im Backofen noch 15–20 Minuten backen. Tarteletts aus den Förmchen nehmen. Warm oder kalt servieren.

Zutaten für 6 Garnelen-Fenchel-Tarteletts mit einem Durchmesser von 10 cm:

½ Packung tiefgefrorener salziger Mürbeteig (150 g) oder selbstgemachter (siehe S. 16)

Für die Füllung:

100 g Fenchelknolle

1 EL Butter

1 Knoblauchzehe

6 EL Mayonnaise

2 EL Crème fraîche

1 Ei

Salz

frisch gemahlener schwarzer Pfeffer

6 große, ausgelöste, gegarte Garnelen

Mürbeteig auftauen lassen und etwa ½ cm dünn ausrollen und die Tartelett-Förmchen damit auslegen. Ofen auf 200 °C vorheizen und ohne Füllung blind vorbacken, dafür Bohnenkerne auf dem Boden verteilen.

Für die Füllung: In der Zwischenzeit Fenchel putzen, etwas Grün für die Garnitur zurückbehalten. Fenchel in feine Streifen schneiden. Butter in einem Topf erhitzen, Fenchel und durchgedrückten Knoblauch hineingeben und etwa 1 Minute unter Rühren dünsten. Topf von der Platte nehmen. In einem Schüsselchen Mayonnaise, Crème fraîche, Ei, Salz und Pfeffer verrühren und mit dem Fenchel mischen. Die Garnelen in Stücke schneiden und auf die Förmchen verteilen. Fenchel-Mischung daraufgeben. Noch 15 Minuten backen. Tarteletts aus den Förmchen nehmen und mit Fenchelgrün garnieren. Warm oder kalt servieren.

Würstchen im Schlafrock

1 Packung Tiefkühl-Blätterteig (300 g)	
12 Frankfurter Würstchen	
6 Scheiben Käse	
mittelscharfer Senf	
2 Paprikaschoten	
3 Tomaten	
2 Eigelb	

Die berühmten Frankfurter Würstchen, die hier in Blätterteig verpackt „im Schlafrock" präsentiert werden, gibt es schon seit mindestens fünfhundert Jahren. Sie werden erstmals 1487 erwähnt, wie der Frankfurter Chronist Achilles August Lersner (1662–1732) herausfand. Heute werden nach einer Schätzung der FAZ etwa 120000 Pärchen täglich produziert, die meisten im Frankfurt benachbarten Neu-Isenburg. Heinz P. Müller beschrieb die Würstchen in „Frankfurter Küch und Sprüch" mit diesen Worten: schlank und elegant, zierlich, aber prall und ohne Fältchen, zart besaitet, mit leicht gebräuntem Teint, angenehmes Äußeres, pikant und von hohem innerem Wert.

Blätterteig nach Vorschrift auftauen lassen, in 12 Quadrate zerteilen, so daß jeweils 1 Würstchen hineinpaßt. Käse in Streifen schneiden, auf die Teigquadrate legen und mit Senf bestreichen. Paprikaschoten halbieren, von Kernen und Scheidewänden befreien, das Fruchtfleisch in feine Streifen schneiden. Tomaten halbieren, von den Kernen befreien und würfeln. Paprika und Tomatenwürfel auf dem Käse verteilen, je ein Würstchen darauflegen, den Teig einschlagen und gut festdrücken. Die Päckchen mit verquirltem Eigelb bestreichen, im vorgeheizten Ofen 25–30 Minuten bei 210–225 °C backen.
Dazu kann man einen frischen Salat servieren.

Schinkenkipferl

1 Paket Tiefkühl-Blätterteig (300 g)
Für die Füllung:
1 mittelgroße Zwiebel
150 g gekochter Schinken
20 g Butter
2 EL süße Sahne
1 Prise Salz
½ TL schwarzer Pfeffer aus der Mühle
1 Prise Paprika, edelsüß
½ Bund Petersilie
100 g mittelalter Goudakäse
Zum Bestreichen:
1 Eigelb
2 EL Milch

Kipferl haben etwa die gleiche Form wie der Halbmond auf der türkischen Fahne. Das soll auch Absicht sein – auf diese Weise wollte, so die Legende, der Wiener Bäckermeister Peter Wendler an den Türken Rache nehmen, die Wien 1683 belagerten. Als die Feinde nach der verlorenen Schlacht am Kahlenberg abziehen mußten, gab es bei Wendler die ersten Kipferl – etwa so:

Blätterteig nach Vorschrift auftauen lassen, auf dem bemehlten Backbrett 5 mm dick ausrollen und die Teigplatte in 10 x 10 cm große Quadrate schneiden, diese diagonal halbieren.
Für die Füllung: Zwiebel schälen und fein hacken, Schinken würfeln, beides unter Umrühren in heißer Butter anrösten. Von der Brennstelle nehmen, Sahne dazugeben, mit Salz, Pfeffer, Paprika und gehackter Petersilie würzen und den gewürfelten Käse hineinmengen. Die Teigdreiecke mit abgekühlter Füllung belegen, von der Diagonalen her aufrollen und auf ein mit kaltem Wasser abgespültes Backblech legen.
Eigelb mit Milch verquirlen und die Kipferl damit bestreichen. Etwa 15 Minuten bei 200–220 °C im vorgeheizten Ofen backen und möglichst frisch servieren.

Salami-Strudel

Für den Teig:
1 Packung tiefgefrorener Strudelteig
oder selbstgemachter
15 g Hefe
⅛ Liter lauwarme Milch
1 Prise Zucker
250 g Mehl
1 Prise Salz
40 g Butter
Für die Füllung:
200 g Salami
1 TL getrockneter zerriebener Oregano
Zum Bestreichen:
1 Ei, getrennt

Diesen Strudel aus Hefeteig können Sie auch mit anderen Wurstsorten als mit Salami füllen – aber es sollte sich um eine kräftig gewürzte Wurst handeln. Einen Wurstkuchen können Sie aber auch so ähnlich zubereiten wie einen Obstkuchen: Mit einem Tortenboden aus Mürbteig, der mit angebratenen Wurstwürfeln, Zwiebel- und Tomatenstückchen belegt wird. Auch einen gedeckten Mürbteig-Obstkuchen können Sie sich als Vorbild nehmen. Die Wurstfüllung sollte halbgar angebraten werden, der Mürbteigdeckel muß für den Dunstabzug durchlöchert werden.

Tiefgefrorenen Strudelteig auftauen lassen und nach Packungsanleitung weiterverarbeiten oder selbstgemachten zubereiten. Dafür aus Hefe, lauwarmer Milch, Zucker, Mehl, Salz und Butter einen Hefeteig bereiten, 20–30 Minuten zugedeckt und warmgestellt gehen lassen.
Den Teig dünn ausrollen, mit dünnen Salamischeiben belegen und mit Oregano bestreuen. Die Teigränder mit Eiweiß bestreichen. Den zum Strudel aufgerollten Teig auf ein gebuttertes Backblech legen, nochmals gehen lassen. Eigelb mit etwas lauwarmem Wasser verquirlen, den Strudel damit bestreichen. Mit der Küchenschere die Teigoberfläche mehrmals zackig einschneiden. Den Strudel im vorgeheizten Ofen bei 200 °C etwa 40 Minuten backen, abkühlen lassen und in Scheiben schneiden.

Toasts mit Fleisch

Zutaten für 4 Tournedo-Toasts (oben):

- 4 Tournedos von je 100 g
- schwarzer Pfeffer aus der Mühle
- 4 Schalotten
- Butterschmalz zum Braten
- Thymian
- ¼ Liter halbtrockener Sherry
- Salz
- 4 Scheiben Vollkorntoast
- zum Garnieren: Kiwi- und Orangenscheiben

Die Filetscheiben pfeffern, Pfeffer in das Fleisch reiben. Schalotten schälen, in ganz feine Würfelchen schneiden oder hacken. Das Butterschmalz erhitzen und die Filetscheiben auf beiden Seiten darin 3 bis 4 Minuten scharf anbraten. Warm stellen.

Die Schalotten mit dem Thymian in den Bratensatz geben und unter Rühren anbraten. Mit dem Sherry unter ständigem Rühren loskochen und bis auf etwa ⅛ Liter einkochen lassen, mit Salz und Pfeffer abschmecken.

In der Zwischenzeit Toastscheiben rösten, mit der Schalottensauce überziehen, Fleisch darauflegen. Restliche Sauce an die Toasts geben. Mit Kiwi- und Orangenscheiben garnieren und heiß servieren.

Zutaten für 4 Pfirsich-Kalbfleisch-Toasts (unten):

- 200 g tiefgekühlte Erbsen
- 4 Kalbssteaks von je 100 g
- weißer Pfeffer aus der Mühle, Salz
- 4 Pfirsichhälften (Dose)
- 1 Zwiebel
- 2 EL Butterschmalz zum Braten
- Salz
- 250 g saure Sahne
- Curry nach Belieben
- 4 Scheiben Toastbrot
- Kresse zum Garnieren

Erbsen auftauen lassen. Steaks pfeffern. Die Zwiebel schälen, fein hacken. Pfirsichhälften abtropfen lassen und in dünne Scheibchen schneiden. Butterschmalz erhitzen und Steaks auf beiden Seiten etwa 3 Minuten scharf anbraten, warm stellen. Die Zwiebel in dem Bratensatz unter Rühren andünsten, nach Bedarf noch etwas Butterschmalz zugeben. Currypulver über die Zwiebel stäuben, Erbsen hineingeben, saure Sahne hinzufügen und alles unter Rühren erhitzen. Mit Salz, Pfeffer und Curry abschmecken. In der Zwischenzeit das Brot toasten, Steaks salzen, auf die Toasts legen und die Erbsen-Pfirsich-Sauce daraufgeben. Mit Kresse garnieren und heiß servieren.

Mortadella-Toast mit Gurken

4 Scheiben Toastbrot	
4 Scheiben Mortadella (ca. 5 mm dick)	
20 g flüssige Butter	
20 dünne Salatgurkenscheiben	
150 g geriebener Käse	
20 g Butterflöckchen	
Salatblätter	

Reichhaltig belegte und überbackene Toasts sind als schnell fertiggestellte kleine Mahlzeiten für Mini- und Single-Haushalte unschlagbar. Überbackene Toasts brauchen Oberhitze, können also nicht über dem Holzkohlengrill zubereitet werden, sondern sind nur für den Backofen-, Tisch- oder Minigrill mit elektrischen Strahlern geeignet. Sie sollten das Blech oder den Rost mit den Toastscheiben in die oberste Schiene einschieben – aber bitte nicht so hoch, daß der Käse schließlich an den Grillstäben klebt. Zu berücksichtigen ist dabei, daß mancher Toast, je nach Belag, während des Überbackens auch noch etwas aufschwellen kann. Für den Kontaktgrill sind Toasts immer dann geeignet, wenn sich die obere Grillplatte in entsprechendem Abstand arretieren läßt. Bei regelbaren Kontaktgrills wird die mittlere Temperaturstufe eingestellt. Kombinieren Sie eigene Toastrezepte – mit Wurst, Käse, Gemüse, Früchten und Gewürzen kann gar nichts schiefgehen.

Brotscheiben beiderseits leicht toasten. Je eine Scheibe Wurst darauflegen und mit flüssiger Butter beträufeln. Gurkenscheiben auf der Wurst verteilen, dick mit geriebenem Käse bestreuen und Butterflöckchen aufsetzen. Unter dem vorgeheizten Grill etwa 8 Minuten grillen, auf Salatblättern anrichten. Grillzeit für Kontaktgrill etwa 5 Minuten.

Toasts mit Ei

Zutaten für 4 Eier-Sardellen-Toasts:

- 8 Eier
- 4 EL Milch
- 1 Bund feingehackter Schnittlauch
- Salz
- frisch gemahlener weißer Pfeffer
- Butter
- 4 Scheiben Dreikorntoast
- 8 Sardellenfilets
- 16 Kapern

Die Eier mit der Milch verquirlen, Schnittlauch hineingeben. Mit Salz und Pfeffer würzen. Die Butter in einer Pfanne erhitzen, Eimasse hineingeben und bei mittlerer Hitze zu Rührei stocken lassen. Nicht zu fest werden lassen. Das Brot toasten und mit Butter bestreichen. Rührei auf den Toastscheiben verteilen. Jeden Toast mit 2 Sardellenfilets kreuzweise belegen und 4 Kapern auf den Häppchen verteilen. Warm servieren.

Zutaten für 4 Kräuter-Rührei-Toasts:

- 100 g gekochter Schinken
- 4 Tomaten
- 1 Handvoll gemischte Kräuter
- 6 Eier
- 4 EL süße Sahne
- Salz, Pfeffer aus der Mühle
- Butter zum Backen
- 4 Scheiben kräftiges Bauernbrot
- 100 g Appenzeller
- Paprikapulver

Schinken in feine Streifen schneiden. Tomaten waschen, in Scheiben schneiden. Kräuter waschen und fein hacken. Die Eier mit der Hälfte der Sahne verquirlen, mit Salz und Pfeffer würzen. Die Butter in einer Pfanne erhitzen, die Eimasse hineingeben und bei mittlerer Hitze stocken lassen, dabei immer wieder mit dem Bratheber die Eimasse zurückschieben.

Den Grill vorheizen. Die Brotscheiben toasten, mit Tomatenscheiben belegen und mit feingehackten Kräutern bestreuen. Rührei in 4 Portionen teilen und auf den Brotscheiben verteilen. Schinkenstreifen darauflegen, mit Käse bestreuen und unter dem Grill noch etwa 3 Minuten backen. Auf Tellern mit Tomatenscheiben und Kräuterzweiglein anrichten und mit Paprikapulver bestreuen.

Heiß servieren.

Mexikanische Tacos mit Putengeschnetzeltem

Zutaten für 12 Tacos:

400 g Putenbrust
Salz, frisch gemahlener Pfeffer
2 EL Öl
1 rote Chilischote
2 Knoblauchzehen
1 rote und 1 grüne Paprikaschote
2 Frühlingszwiebeln
½ Ananas
½ Eisbergsalat
12 küchenfertige Tacos (geröstete Maisfladen)
150 g Crème fraîche
3 EL Erdnußbutter
1 Bund Schnittlauch

Tacos sind in Mexiko genauso beliebt wie andernorts Hamburger, Würstchen, Pizza oder Currywurst. Die knusprige Hülle besteht aus Maisfladen, die man bei uns fertig kaufen kann und nur noch im Backofen aufbacken muß. Die Vielfalt der Füllungen wird nur durch die Phantasie des Kochs begrenzt, aber eines haben alle gemeinsam: Sie sind scharf. Und diese Schärfe kommt von den Chilischoten. Wir verwenden sie immer frisch, nicht als Pulver. Das birgt gewisse Gefahren, aber auch Überraschungen, denn zum einen ist die Schärfe sehr unterschiedlich, und zum anderen sollte man beim Schnippeln der Schoten Gummihandschuhe anziehen oder zumindest peinlich darauf achten, daß man sich nicht mit den Händen die Augen reibt, denn dann brennt's fürchterlich. Trotzdem, echte Chilis sind es wert.

Putenfleisch in Streifen schneiden, salzen und pfeffern. Chilischote längs halbieren, Stielansätze entfernen, Kerne herauskratzen und Schote in dünne Streifen schneiden. Knoblauch schälen und fein hacken. Paprika waschen, halbieren, Stielansätze und das Weiße entfernen und in Streifen schneiden. Frühlingszwiebeln putzen, waschen und in dünne Ringe schneiden. Eisbergsalat putzen, waschen, trockentupfen und in Streifen schneiden. Ananas schälen und pürieren. Mit der Crème fraîche und der Erdnußbutter verrühren und bereitstellen. Schnittlauch waschen und fein schneiden. Tacos einzeln auf dem Backrost legen, bei 200°C etwa 8 Minuten aufbacken. Inzwischen das Öl in einer tiefen Pfanne oder einem Bratentopf erhitzen. Chilis hineingeben und unter Rühren ½ Minute anbraten, dann das Fleisch und nacheinander Paprika, Frühlingszwiebeln und Knoblauch dazugeben und unter Rühren weiterbraten. Nach etwa 5 Minuten Hitze reduzieren und Deckel auflegen, noch 2 Minuten schmoren lassen. Mit Salz und Pfeffer abschmecken. Die Tacos aus dem Backofen nehmen, Eisbergsalatstreifen hineingeben und mit dem Putengeschnetzelten füllen. Dabei die fertigen Tacos im Backofen warm halten, bis alle gefüllt sind. Zum Schluß Schnittlauch darüberstreuen und mit der Ananassauce servieren. Tacos ißt man aus der Hand.

Garnierte Schweinemedaillons
Gefüllte Filetröllchen

Zutaten für 8 garnierte Schweinemedaillons:

- 8 Schweinemedaillons
- Salz
- frisch gemahlener schwarzer Pfeffer
- 50 g durchwachsener Speck
- ½ Bund Petersilie
- 100 g Champignons
- 1 EL Butterschmalz zum Braten
- 100 g Kräuterfrischkäse

Schweinemedaillons etwas flachdrücken, salzen und pfeffern. Speck würfeln, Petersilie waschen und fein hacken. Champignons putzen, waschen und in Scheiben schneiden. Speck bei mittlerer Hitze in einer Pfanne auslassen. Pilze zu dem Speck geben und drei Minuten zusammen unter Rühren dünsten. Herausnehmen und warm stellen. Medaillons im heißen Butterschmalz von beiden Seiten etwa 3 Minuten scharf anbraten. Champignon-Speck-Mischung, kleingeschnittene Petersilie und je 1 TL Kräuterfrischkäse auf die Medaillons geben. Deckel auf die Pfanne legen und noch 2 Minuten bei mittlerer Hitze dünsten. Dann heiß servieren. Dazu schmeckt Toast und/oder Salat.

Zutaten für etwa 8 gefüllte Filetröllchen:

- 400 g Schweinefilet
- Salz
- frisch gemahlener weißer Pfeffer
- 2 EL Tomatenmark
- 8 dünne Scheiben Pfeffersalami
- 2 kleine Zucchini
- ½ Bund Petersilie
- 2 EL Butterschmalz zum Braten
- 1 gelbe Paprikaschote

Schweinefilet in 8 Scheiben schneiden. Ganz flach klopfen. Auf beiden Seiten salzen und pfeffern. Auf der oberen Seite mit Tomatenmark bestreichen und mit Salamischeiben belegen. Die Zucchini waschen, in dünne Stifte schneiden. Paprika waschen, halbieren, die Kerne und das Weiße entfernen und in Streifen schneiden. Die Hälfte der Zucchinistifte auf die Filets legen, mit Petersilie bestreuen. Filetscheiben aufrollen und mit Holzstäbchen fixieren. Butterschmalz in einer Pfanne erhitzen und die Filetröllchen darin rundum etwa 4 bis 5 Minuten anbraten. Herausnehmen und warm stellen. Restliche Zucchini und den Paprika im Bratensatz etwa 4 Minuten unter Rühren dünsten, mit Salz und Pfeffer abschmecken. Filetröllchen auf das Gemüse legen, Deckel aufsetzen und noch 5 Minuten bei mittlerer Hitze dünsten. Auf vorgewärmten Tellern anrichten. Dazu schmeckt Toast und/oder Salat.

Porree mit Frankfurter Würstchen

750 g Porree	
50 g Butter	
1/8 Liter Fleischbrühe	
Salz, 1 Prise geriebene Muskatnuß	
weißer Pfeffer aus der Mühle	
10 g Speisestärke	
4 EL Milch	
1 Bund Petersilie	
8 Paar Frankfurter Würstchen	

Als der Hamburger Eduard Beurmann 1835 seine „Frankfurter Bilder" schrieb, sann er auch darüber nach, wie man die Vorzüge der Mainmetropole kurz und bündig charakterisieren könne. Kein Problem: Für ihn war Frankfurt die Stadt, in der „Goethe geboren und in welcher Bratwürste gemacht werden, die eine Zelebrität wie dieser erlangt haben". Beurmann ging aber noch einen Schritt weiter. Er verlangte von den Frankfurtern, sie sollten dem größten Sohn der Stadt endlich ein würdiges Denkmal errichten und in den Sockel ein paar Würstchen einmauern. Das Denkmal entstand wirklich, neun Jahre später. Auf dem Sockel schwenkt Goethe einen Lorbeerkranz. Aber Würstchen wurden in den Sockel nicht eingemauert.

Porreestangen putzen, waschen und in etwa 5 cm lange Stücke schneiden, in heißer Butter kurz andünsten, dann Fleischbrühe angießen und den Porree im zugedeckten Topf bei schwacher Hitze in 25–30 Minuten garen, aber nicht zu weich kochen. Mit Salz, Muskat und Pfeffer würzen. Speisestärke mit Milch verquirlen, an den Porree rühren und kurz aufkochen. Mit Petersilie bestreut anrichten. Würstchen in heißem Wasser erhitzen und zum Porreegemüse servieren.
Dazu gibt es Kartoffelpüree.

Wurstpfannkuchen

Zutaten für 8 Pfannkuchen:

Für die Füllung:

1 große Zwiebel

200 g frische Champignons

20 g Butter

1 Bund Petersilie

2 TL Tomatenmark

1 große gekochte Kartoffel

250 g grobe Leberwurst

Salz, weißer Pfeffer aus der Mühle

Für den Teig:

3 Eier

1/8 Liter Milch

100 g Mehl

1/2 Tasse Wasser

1 Prise Salz

Fett zum Backen

Hierbei handelt es sich um kleine Pfannkuchen, die mit einer pikanten Leberwurstmischung gefüllt werden. Wurstpfannkuchen können Sie aber auch auf andere Art machen. Backen Sie ganz einfache, aber ungesalzene Pfannkuchen. Nach dem Wenden belegen Sie sie mit dünnen Wurstscheiben, gedünstetem Gemüse oder Hackfleisch. Sie können die Wurst auch in kleine Würfel schneiden und diese gleich in den Pfannkuchenteig mengen, der dann wie üblich gebacken wird. Ein frischer Salat als Begleitung sorgt für die nötige Vitaminzufuhr.

Für die Füllung: Zwiebel schälen und fein würfeln. Champignons putzen und in Scheiben schneiden. Beides in heißer Butter andünsten. Gehackte Petersilie, Tomatenmark, zerdrückte Kartoffel und Leberwurst unterrühren, die Füllung mit Salz und Pfeffer abschmecken und warm stellen.

Für den Teig: Aus den angegebenen Zutaten Pfannkuchenteig anrühren, 20 Minuten ziehen lassen, dann nochmals durchrühren, in einer Pfanne in heißem Fett 8 kleine Pfannkuchen backen, mit der Wurstmasse füllen, aufrollen und auf einer vorgewärmten Platte servieren. Dazu kann man grünen oder Endiviensalat anbieten.

Bockwurst-Schaschlik

4 Bockwürste
100 g durchwachsener Speck
2 Zwiebeln
1 kleine Salatgurke
2 rote oder grüne Paprikaschoten
2–3 EL zerlassene Butter
Salz, weißer Pfeffer aus der Mühle

Je bunter und abwechslungsreicher Sie die Spießchen bestücken, desto origineller das Ergebnis. Probieren Sie auch andere Würste und Würstchen, kombinieren Sie mit Schinken, Käsescheiben, Tomaten, Pilzen oder Früchten wie Ananas, Trockenpflaumen, Pfirsichen oder Äpfeln. Ihrem Erfindungsdrang sind hier keine Grenzen gesetzt.

Würste in 2 cm dicke Scheiben, Speck in dünne Rechtecke schneiden. Zwiebeln schälen und achteln. Gurke schälen, halbieren, die Kerne herausschälen und das Fruchtfleisch in zentimeterdicke Stücke schneiden. Paprikaschoten halbieren, von Kernen und Scheidewänden befreien, das Fruchtfleisch in talergroße Scheiben schneiden. Abwechselnd Wurst, Speck, Zwiebeln, Gurke und Paprika auf 4 Spießchen stecken, mit zerlassener Butter beträufeln und auf den mit Alufolie überzogenen Grillrost legen. Den Rost unter den vorgeheizten Elektrogrill (7–8 cm Abstand) schieben und die Spießchen 14–16 Minuten grillen. Zwischendurch wenden und mit der restlichen Butter bestreichen. Die fertigen Spießchen vorsichtig salzen und pfeffern, auf einer vorgewärmten Platte anrichten. Grillzeit für Holzkohlen-Grillrost (mit Alufolie bedeckt) ebenfalls 14–16 Minuten.
Zu Bockwurst-Schaschlik paßt eine pikante Schaschlik- oder Currysauce (Fertigprodukt).

Leberkäs

300 g Schweinefleisch (Schulter)
500 g schieres Kalbfleisch
200 g fetter Speck
1 Zwiebel
1/4 Liter Wasser
150 g Schweineleber
1–2 Eier
Salz, weißer Pfeffer aus der Mühle
1 Messerspitze getrockneter zerriebener Majoran
1 Messerspitze geriebene Muskatnuß
1 Messerspitze gemahlener Ingwer
1 Messerspitze gemahlener Kardamom
1 Prise Zucker
etwas Fett für die Form

Für einen noch warmen Leberkäs frisch vom Metzger oder aus dem eigenen Backofen gibt ein echter Bayer sein Erstgeburtsrecht her. Leberkäs gehört zu den beliebtesten Brotzeitschmankerln der bayerischen Küche, und es gibt Metzgereien, die mehrmals am Tag das Schild „Frischer Leberkäs" heraushängen. Leber muß im bayerischen Leberkäs nicht unbedingt enthalten sein, ist aber im Leberkästeig auch nicht unbedingt fehl am Platz, wie unser Rezept nachzuweisen versucht – probieren Sie es aus!

Fleisch, Speck und Zwiebel grob schneiden, zweimal durch den Fleischwolf drehen. Den Teig kräftig durcharbeiten, nach und nach das Wasser dazugießen und weiterrühren, bis eine feine und helle Masse entstanden ist. Die durch den Fleischwolf gedrehte Leber, die verquirlten Eier und die Gewürze dazugeben. Den abgeschmeckten Teig einige Stunden zugedeckt stehenlassen, in eine gefettete Kastenform füllen und im vorgeheizten Ofen etwa 90 Minuten bei 180 °C backen. Den Leberkäs etwas abkühlen lassen, stürzen und in Scheiben geschnitten servieren – mit frischen Brötchen oder Brezeln, zu Sauerkraut, mit Senf und dunklem Brot.

SENF

Schafskäse im Kräutermantel

Camembert mit Preiselbeeren

Zutaten für 4 Schafskäse im Kräutermantel:

- 400 g Schafskäse
- 1 Ei
- Paniermehl
- 1 EL Rosmarin
- 1 EL Bohnenkraut
- 2 EL Thymian
- frisch gemahlener schwarzer Pfeffer
- 3 EL Öl zum Braten

Schafskäse in 4 gleich dicke Scheiben schneiden. Ei in einem flachen Teller verquirlen. Paniermehl in einem anderen Teller bereitstellen, ebenso die gemischten, getrockneten und feingerebelten Kräuter. Schafskäse zuerst pfeffern, dann in den Kräutern wenden, danach im Ei und zum Schluß im Paniermehl. Öl erhitzen und Käsescheiben von jeder Seite etwa 3 Minuten braten. Heiß servieren. Dazu paßt ein gemischter Salat.

Zutaten für 4 Camemberts mit Preiselbeersauce:

- 4 Camemberts zu je 125 g
- 2 Eier
- Paniermehl
- Fett zum Fritieren
- 2 EL Preiselbeeren (Glas)
- 1 EL milder Essig
- 3 EL Olivenöl
- Salz, frisch gemahlener weißer Pfeffer
- Salatblätter und Petersilie zum Garnieren

Camemberts halbieren. Eier verquirlen und Camemberts zuerst in Ei, dann im Paniermehl wenden und panieren. Fett erhitzen und Käse fritieren, bis er rundum goldbraun ist. Preiselbeeren, Essig und Öl verrühren, mit Salz und Pfeffer abschmecken. Camembert, Salat, Petersilie und Sauce auf Tellern anrichten und heiß servieren. Dazu schmeckt Toastbrot.

Garnelenspieße mit Kapernsauce
Putenröllchen mit Papaya-Püree

Zutaten für 10 Garnelenspieße mit Kapernsauce:

- 200 g gare Tiefseegarnelen
- 2 EL Portwein, 1 TL Honig
- 3 EL Orangensaft
- 1 rote Paprikaschote
- 4 Knoblauchzehen
- 2 Scheiben Weißbrot, 3 EL Olivenöl
- 2 EL feingeschnittene Kräuter nach Saison
- Salz, 50 g Kapern, 5 EL Mayonnaise,
- 1 Prise Zucker
- frisch gemahlener schwarzer Pfeffer

Garnelen unter fließendem Wasser abspülen und trockentupfen. Portwein, Honig und Orangensaft verrühren, daß sich der Honig verflüssigt, und über die Garnelen gießen. Mindestens 2 Stunden durchziehen lassen. Inzwischen Paprika waschen, halbieren, Kerne und das Weiße entfernen und in 2 cm breite Streifen schneiden. 1 Knoblauchzehe feinhacken, Brot in Würfelchen schneiden und zusammen mit dem Knoblauch in heißem Öl rösten. Vom Feuer nehmen und die feingeschnittenen Kräuter unterrühren. Garnelen, Brotwürfel und Paprikastreifen auf 10 Holzspieße stecken, dabei die Paprikastreifen vor dem Aufspießen zu Röllchen drehen. Für die Kapernsauce 2 Eßlöffel Kapern und den restlichen durchgedrückten Knoblauch mit dem Schneidstab oder im Mixer pürieren. Mayonnaise und restliche Kapern unterrühren, mit Pfeffer und Zucker abschmecken. Diese Spießchen kann man mit der Hand essen, sie werden vorher in die Sauce gestippt.

Zutaten für 8 Putenröllchen mit Papaya-Püree:

- 2 Putenfilets von etwa 300–350 g
- Salz
- 1 EL körniger Senf
- 1 Bund glatte Petersilie
- Saft von 1 Zitrone
- 2 EL Öl
- 1 reife Papaya
- 1 rote Chilischote

Fleisch abwaschen, trockentupfen und mit einem scharfen Messer längs in möglichst dünne Scheiben schneiden. Jede Scheibe auf beiden Seiten salzen, eine Seite mit Senf bestreichen. Petersilie fein hacken und auf den Fleischscheiben verteilen, mit Zitronensaft beträufeln. Fleisch aufrollen und mit Holzspießchen feststecken. Öl in einer Pfanne erhitzen und Röllchen auf allen Seiten schön braun anbraten. Deckel auflegen und bei mittlerer Hitze noch etwa 8 Minuten weiterbraten. Inzwischen Papaya schälen und entkernen. Chilischote längs halbieren, Kerne entfernen und Chilischote zusammen mit dem Fruchtfleisch im Mixer pürieren. Püree und Fleischröllchen zusammen auf einer Platte anrichten und servieren. Dazu schmeckt Toast. Auch mit Mango-Chutney schmecken die Röllchen köstlich.

Omelett mit Pinienkernen

Champignon-Quiche

Zutaten für Omelett mit Pinienkernen:

50 g Pinienkerne
6 Eier
½ Bund Petersilie
½ Bund frisches Basilikum
30 g frisch geriebener Parmesankäse
3 EL süße Sahne
Salz
Butter zum Anbraten

Die Hälfte der Pinienkerne mahlen. Eier, feingehackte Kräuter, Parmesankäse, Sahne und Salz darunterrühren, alles gut verquirlen. Butter in einer Pfanne erhitzen. Die Eimasse hineingeben und bei mittlerer Hitze und geschlossenem Deckel etwa 5 Minuten stocken lassen. Inzwischen in einer zweiten Pfanne die restlichen Pinienkerne goldbraun rösten und über das fertige Omelett streuen. Mit in Streifen geschnittenen Basilikumblättern garnieren, in 4 Stücke teilen und servieren. Dazu paßt ein gemischter Salat.

Zutaten für 6 Champignon-Quiches von einem Durchmesser von 12 cm:

250 g Tiefkühl-Mürbeteig oder selbstgemachter (siehe S. 16)
Butter für die Form, Bohnen
100 g durchwachsener Räucherspeck
1 EL Öl zum Braten
1 Zwiebel, 2 Porréestangen
400 g Champignons
Pfeffer, 1 EL Zitronensaft, Salz nach Belieben
150 g Mozzarella-Käse
½ Bund frisches Basilikum

Mürbeteig auftauen lassen oder selbst zubereiten. Tartelettförmchen ausbuttern. Mürbeteig etwa ½ cm dünn ausrollen, in die Förmchen legen und einen kleinen Rand hochdrücken. Backofen auf 200 °C vorheizen. Teigboden mit einer Gabel mehrmals einstechen, mit Bohnen belegen und 10 Minuten blind vorbacken. Inzwischen Speck würfeln. Porrée putzen und waschen, in Ringe schneiden. Champignons putzen, waschen und scheibeln. Öl in einer Pfanne erhitzen, Speck darin ausbraten. Porrée und Champignons dazugeben und unter Rühren dünsten. Es sollte keine Flüssigkeit mehr vorhanden sein. Je nach Salzgehalt des Specks salzen, pfeffern und Zitronensaft zufügen. Vorgebackenen Boden aus dem Ofen nehmen, Bohnenkerne entfernen, die Pilz-Füllung auf die Tarteletts verteilen. Mozzarella-Käse in Scheiben geschnitten auf die Füllung legen und noch 20–25 Minuten im Backofen backen. Herausnehmen, aus den Förmchen lösen und mit feingeschnittenem Basilikum bestreuen. Heiß oder warm servieren.

Fleischkäseschnitzel

4 Scheiben Fleischkäse à 150 g
1 EL scharfer Senf
4 Scheiben Wilstermarschkäse à 80 g
2 Tomaten
Oregano, Salz
weißer Pfeffer aus der Mühle
1 EL Öl
1/2 Bund Petersilie

Eine schnelle Zubereitung, die man nicht unbedingt für die ganze Familie brutzeln muß – mit verringerten Zutaten passen die Fleischkäseschnitzel auch ausgezeichnet in einen Single-Haushalt. Die Kombination Fleischkäse – Wilstermarschkäse verspricht dazu noch interessante Geschmackserlebnisse. Den Fleisch- wie den Leberkäse hört man manchmal „Schinken der Minderbemittelten" nennen. Tatsächlich verlangt er dem Geldbeutel keine größeren Klimmzüge ab, wie die meisten der bayerischen Schmankerl. „Es ist wohl eines der Geheimnisse der bayerischen Küche überhaupt", schrieb Leo Sillner in der Süddeutschen Zeitung, „gerade dem scheinbar – Einfachen herzhafte Gaumenfreuden zu entlocken." So lautet denn auch einer der Münchner Eß-Wahlsprüche: „Wenig braucht's nicht zu sein, wenn's nur gut schmeckt."

Fleischkäsescheiben auf einer Seite mit Senf bestreichen. Käsescheiben darauflegen. Jede Schnitte mit je zwei dicken Tomatenscheiben belegen. Mit Oregano, Salz und Pfeffer bestreuen. Öl in einer großen Pfanne erhitzen und die Schnitzel zugedeckt in der Pfanne braten, bis der Käse schmilzt. Mit gewaschener und trockengetupfter Petersilie in Sträußchen belegt servieren.
Dazu kann man einen mit Zwiebelringen angerichteten Tomatensalat servieren.

Polnische Bohnensuppe

1 kleine Dose weiße Bohnen
150 g durchwachsener Speck
1 Liter Fleischbrühe
3 Karotten
1 Bund Suppengrün
4 Paar Mettwürstchen
Salz, 1/2 TL getrockneter geriebener Majoran
2 Zwiebeln
1 EL Butter
1 EL Mehl
1 kleines Glas Rotwein

Was in Westfalen allgemein Mettwurst genannt wird, ist andernorts als Bratwurst bekannt. Als Heimat der Mettwurst gilt Niedersachsen, das schon vor Jahrhunderten für seine Wurstspezialitäten berühmt war, die vor allem aus Braunschweig und Göttingen kamen. Schon in einer Chronik aus dem Jahre 1734 heißt es: „Wer die Göttingischen Mettwürste nicht kennt, muß in der historia cupediarum, der Naschhaftigkeit, nicht sonderlich bewandert sein." Georg Christoph Lichtenberg schlug vor, die Göttinger sollten ihre Stadttore interessanter dekorieren – unter anderem mit Zwieback, Rosen, Zitronenschalenbändern und Mettwürsten.

Die Bohnen abtropfen lassen. Den Speck würfeln und in einem Topf auslassen. Die Bohnen und die Fleischbrühe dazugeben, zugedeckt zum Kochen bringen. Die geputzten und gewürfelten Karotten, das grob zerkleinerte Suppengrün, die Mettwürste und Gewürze 10 Minuten mitkochen. Zwiebeln kleinschneiden, in der heißen Butter anbraten, mit Mehl bestäuben und gut durchrühren, mit dem Rotwein zu den Bohnen geben und verrühren, 6 Minuten kräftig durchkochen. Die Suppe nochmals mit Salz und Majoran abschmecken, heiß servieren.

Mitternachts-Suppensnacks

Zutaten für die Französische Zwiebelsuppe:

- 500 g Zwiebeln
- 100 g Butter
- 1 EL Mehl
- 1 ½ Liter gute Fleischbrühe
- Salz, Pfeffer
- 4 Scheiben Weißbrot
- 100 g geriebener Gruyère

Die Zwiebeln schälen und in feine Streifen schneiden. 75 g Butter in einem Topf erhitzen und Zwiebeln darin unter Rühren anbraten, bis sie goldgelb sind. Mehl darüberstreuen und unter Rühren anschwitzen, bis es gelb wird. Mit der Fleischbrühe aufgießen und im offenen Topf 20 Minuten köcheln. Mit Salz und Pfeffer abschmecken. Suppe in 4 feuerfeste Keramikschalen verteilen. Weißbrot toasten und jeweils 1 Scheibe auf die Oberfläche der Suppe legen. Mit Käse bestreuen und im vorgeheizten Backofen oder unter der Grillschlange überbacken, bis sich eine goldene Kruste gebildet hat. Die restliche Butter schmelzen und über den Käse träufeln. Heiß servieren.

Zutaten für das Chili con carne:

- 50 g durchwachsener Speck
- 2 Chilischoten
- 2 Zwiebeln
- 2 rote Paprikaschoten
- 400 g Rinderhack
- Öl zum Braten
- 1 große Dose geschälte Tomaten
- 1 große Dose Kidneybohnen
- 1 Lorbeerblatt
- Fleischbrühe nach Bedarf
- Salz, Chilipulver

Speck in Würfel schneiden. Chilischoten längs halbieren, Stielansätze und die Kerne entfernen, Chilischoten in dünne Streifen schneiden. Zwiebel schälen, in Würfel schneiden. Paprikaschoten waschen, halbieren, die Kerne und das Weiße entfernen und in Streifen schneiden. Öl in einem Topf erhitzen und Speck darin auslassen. Chilischote und Zwiebeln dazugeben und unter Rühren etwa 1 Minute braten. Rinderhack dazugeben und unter Rühren weiterbraten, bis es krümelig ist. Nun den Paprika und die geschälten Tomaten mit Saft dazugeben. Tomaten zerdrücken und zum Kochen bringen. Bohnen abtropfen lassen und mit dem Lorbeerblatt dazugeben. Noch 20 Minuten köcheln lassen. Bei Bedarf Fleischbrühe zugießen. Mit Salz und Chilipulver kräftig würzen. Auf Tellern oder Keramikschälchen verteilen und heiß servieren. Wer möchte, ißt dazu kräftiges Roggenbrot.

Die Rezepte alphabetisch

Soweit in den Rezepten nichts anderes vermerkt ist, sind die Zutaten für vier Personen berechnet.

Register nach Gruppen

Soweit in den Rezepten nichts anderes angegeben ist, sind die Zutaten für vier Personen berechnet.

Bildquellen

Bilderberg: 13 (Peter Ginter); 40, 72, 80 (Gert Wagner)
Gruner & Jahr/Essen + Trinken: 7 (Ruhde) 18, 52 (H.J. Schmidt); 2, 92 (Richard Stradtmann)
Focus: 24 (Ara Guler); 48, 60 (Urs Kluyver); 102 (Walter Mayr); 44 (Erich Spiegelhalter)
Anne Hamann: 46 (H. A. Friedrichs); 9 (Horst Munzig)
IFA: 56 (Diaf); 88 (Comnet); 94 (Hasenkopf)
Mauritius: 4, 50 (Rossenbach)
Sigloch Bildarchiv: 10, 14/15, 17, 21, 22/23,
sowie alle Rezeptfotos 25–107 (Hans Joachim Döbbelin)
Zefa: 30, 36 (Reinhard)

Reproduktion: Repro-Technik Ruit, Stuttgart
Satz: Setzerei Lihs, Ludwigsburg
Druck: Druckerei Kohlhammer, Stuttgart
Papier: 135 g/m² BVS glänzend der Papierfabrik Scheufelen, Lenningen
Bindearbeiten: Sigloch Buchbinderei, Künzelsau
ISBN 3-89393-020-5